De $0 a $100,000

¡Una Historia de Éxito!

Yanel Sosa

DEDICATORIA

A mi familia, mis hijos, mi esposa, y a todas las personas que han sido inspiración para mi vida. Dedico mi vida entera a las personas que me aman y me han permitido y enseñado a ser un mejor ser humano.

-Yanel Sosa

ISBN: 9781797060569

All Rights Reserved.

This work is protected by copyright laws and international treaties.

Title: De $0 a $100,000. Una Historia de Éxito.

Capítulo I

LA CRISIS

¡El Huracán María estaba por hacer su entrada a la isla de Puerto Rico! Una gran mayoría de nosotros se había preparado para lo peor, mientras que otros, aún continuaban pensando que no pasaría nada. Aunque parecía absurdo las personas que actuaban de tal forma lo hacían porque ya no creían en los medios de comunicación y mucho menos en el gobierno central. Se rumoraban entre vecinos que todo era una estrategia para que las personas salieran corriendo a los supermercados y ferreterías a gastar el poco dinero que tenían y así, inyectar la economía del país. Irónicamente, una gran parte de la población disfrutaba de estas temporadas de advertencias y avisos de mal tiempo, puesto que representaban la suspensión de cursos escolares y jornadas de trabajo. Yo en aquel entonces trabajaba para una empresa privada, manejada por fondos federales en la cual ejercía como promotor de empleo y microempresas, en el área oeste de la isla. Me gustaba mi trabajo a pesar de que siempre consideré que estaba muy mal remunerado. Ayudábamos a las comunidades de escasos recursos a retomar sus estudios, búsqueda de empleos, creación de microempresas y cuidado de envejecientes. La misión de la empresa era muy bonita y significativa, aunque presentaba muchos problemas en su estructura organizacional. Mi casa era de madera y estaba en los altos de una casa pequeña, hecha de cemento, que había sido construida alrededor de los años 50. La casa ya presentaba síntomas de deterioro en sus ventanas y paredes. Era una casa que reflejaba su experiencia y astucia combatiendo en contra de todos los huracanes que habían decidido hacerle frente durante todos esos años. Todos en la casa estábamos muy preocupados por la llegada de este nuevo huracán, yo todavía tenía muy malos recuerdos de uno de los peores huracanes que había pasado por la isla: el Huracán George. Este ciclón se había llevado toda nuestra casa cuando yo apenas era un adolescente. Esa era la primera vez que no solo experimentaba lo destructivo que podía ser un huracán, sino la tristeza de quedarse sin hogar. Aun recuerdo el rostro de mis padres cuando miraban hacia arriba señalando un espacio de recuerdos totalmente destruido.

Mi esposa no estaba relacionada con este tipo de eventos, al menos no había vivido la experiencia de estar presente cuando un ciclón impactaba algún territorio. Ella había decidido comenzar a comprar muchos empaques de botellas de agua y fuimos almacenándolos en uno de los cuartos, previo a la llegada del ciclón. Muchas semanas antes ya teníamos un almacén de reservas tanto de agua con artículos de primera necesidad; estábamos hablando de aproximadamente un mes de suplidos. Esto era un cálculo poco exacto que podíamos hacer, puesto que nuestra familia se compone de cinco miembros. Nuestros 3 niños no entendían nada y lo veían todo como un asunto divertido que estaba por ocurrir. Todo lo que tenían en su mente eran las imágenes de videos y documentales que disfrutaban ver en la "internet" sobre evento atmosféricos. Que bueno que fue así, porque nunca demostraron temor o preocupación excesiva ante la situación. Ellos esperaban y confiaban en que yo tenía todo bajo control y que no sucedería nada malo. Era esta a la responsabilidad que tenía que enfrentar con valor y determinación. Nuestro hogar había sido reconstruido con mejor calidad de madera y habíamos instalado muchos refuerzos, tanto en el techo como en las paredes, haciendo de este un lugar más seguro. De todas formas, no creíamos que era conveniente quedarnos dentro de la casa mientras pasaba el ciclón y decidimos que nos iríamos al primer piso con mi padre. Recuerdo uno de esos días previos a la llegada del ciclón, comenzamos a comprar todos los materiales necesarios para asegurar la casa en madera. Entre un amigo y yo nos encargamos de tensar o amarrar el techo estratégicamente esperando que los fuertes vientos no se llevaran ninguna de las planchas de aluminio que cubrían el techo de nuestra casa. Luego pasamos a clavar paneles de madera sobre cada entrada de aire que podía tener la casa, incluyendo la entrada principal. Recuerdo haber soleado mi piel como nunca y sentirme deshidratado ante las altas temperaturas que caracterizan a una isla tropical. Pensaba en lo difícil que podía ser prepararse para un evento de tal magnitud y no contar con el dinero suficiente para costear todo lo que realmente necesitaba mi familia. Su seguridad estaba en mis manos, así como su confianza absoluta depositada en mi experiencia previa. Los rumores se hacían más fuertes: *"el ciclón entrará como categoría 5"*. Esto significaba que podía ser el ciclón más destructivo que había atravesado nuestra isla. Sus vientos y ráfagas tenían la posibilidad de sobre pasar las 180 mph. La cantidad de lluvia seria interminable y las inundaciones y destrucción que esto traería consigo, inigualables. La casa de madera había quedado totalmente protegida luego de varios días de trabajo duro y persistencia. Me sentía muy positivo de que todo iba a salir muy bien con nuestra casa y que había hecho todo lo que estaba a mi alcance para aumentar sus posibilidades de soportar el embate. Decidimos comenzar a bajar al primer piso todo aquello que fuera de gran importancia y todo los suplidos y alimentos disponibles. Se nos ocurrió hacer una conexión de gas dentro de la casa para un tanque pequeño que nos pudiera permitir cocinar ciertos alimentos y calentar un poco de chocolate caliente a los niños, mientras el ciclón estuviera en su traslado por la isla. Generalmente, las personas deciden comprar productos enlatados o previamente cocidos para consumir antes, mientras y después de este periodo. Recuerdo mirar al cielo y notar como las nubes se trasladaban de un lado a otro, como si alguien o algo las persiguiera. Las aves emigraban en grupos de cien y los insectos se escondían entre los arbustos más pequeños. Mi cabeza daba vueltas, llena de pensamientos intrusivos que me mantenían constantemente buscando soluciones y tratando de predecir el futuro. La verdad es que no sabía que pasaría o que íbamos a hacer luego que todo sucediera. Si de algo estaba seguro era de que el tendido eléctrico de nuestro país no iba a soportar los fuertes vientos de esta tormenta. En la isla solo existe una sola compañía que suple energía eléctrica, lo cual significa que es muy antigua y débil. Estábamos seguros de que estaríamos varios meses sin luz, varios meses sin agua y posiblemente varios meses sin gas para nuestros vehículos.

El primer piso era muy pequeño, solo tenia dos cuartos de los cuales en uno dormiría mi papa y en el otro nosotros cinco. Nos habíamos mudado unas horas antes del comienzo de las primeras lluvias y los primeros vientos. Encendimos un radio diminuto de batería que nos permitía escuchar una emisora que continuaba al aire emitiendo todos los boletines actualizados sobre las coordenadas del huracán. Ya estaba muy cerca, las emisoras televisivas habían sido desconectadas y las enormes filas en las gasolineras ya estaban disipándose. Ya llegaba la noche y en el rostro de mi esposa solo podía notar como se apoderaba de ella la desesperanza. Llevábamos nueve años tratando de sobrevivir e intentando de todo por mantenernos positivos en un ambiente donde estar positivo y esperanzado era una difícil tarea. Yo por mi parte llevaba algunos doce años brincando de trabajo en trabajo, sin ningún éxito. Donde vivía era una herencia de mis padres que, a su vez, fue una herencia de mis abuelos hacia ellos. Siempre pensaba que alguien tenia que romper la cadena del conformismo, pero no sabía el cómo ni el cuando y prefería mejor no pensar más en eso. Me preguntaba como era posible que yo estuviera en esa situación si todo el mundo me veía siendo una persona muy inteligente, astuta y bien preparada. Muchos de mis vecinos me miraban como alguien muy realizado y responsable, pero no comprendía como podían verme así, si yo realmente no tenia nada de lo que yo si quería tener.

La luz se había ido de Puerto Rico y las velas estaban listas para tomar su lugar. En menos de unas cuantas horas nuestro país había regresado cientos de años atrás. Nos habíamos trasladado en el tiempo, donde la oscuridad nos susurraba sus más íntimos secretos. Las tuberías escupían sus últimas gotas de agua como gargantas ahogadas por la sequedad, y la lluvia chocaba en las ventanas con ganas de hacer una inesperada entrada. Mi papa no dejaba de hablar en un tono alto y persistente, demostraba cuan nervioso estaba. El por su parte, no había decidido asegurar su casa y confiaba que sus ventanas de medio siglo de edad evitarían la entrada de agua al hogar. Más de la mitad de la información que nos ofrecía era relacionada a eventos u opiniones muy negativas que solo aportaban al estrés y desanimo del evento. Los vientos atacaban con malas intenciones y la lluvia como siempre suele hacer, buscaba persistentemente, pero con mucha paciencia por donde comenzar a entrar al hogar. Los trapeadores y toallas estaban listos esperando debajo de las puertas y cada uno de nosotros tenia un cargo especial, ya fuera para secar o preparar algo de comer. El ruido que ocasionaba la combinación de lluvia y viento era tan asombroso que no tengo palabras para describirlo. Aunque no se recomienda abrir las ventanas o puertas mientras pasa este tipo de fenómenos atmosféricos decidí mirar por una de las esquinas abiertas de una de las ventanas y pude ver como las palmeras delgadas se doblaban completamente en forma de arco y su copa tocaba el suelo para luego regresar a su posición inicial. El evento era majestuoso, pero a su vez el peor de las experiencias. El evento puede durar unas cuantas horas largas donde puedes contar cada minuto de estas y por lo general, aun cuando ya se ha retirado el centro del ciclón pueden durar sus remanentes varios días más. Cuando abres la puerta principal, luego de pocos episodios de sueño, te encuentras de frente con una nueva realidad. Las ramas y arboles se hayan recostados sobre el suelo y sobre los cables del tendido eléctrico. Muchos de los postes del tendido eléctrico partidos por la mitad, casas sin techo y los rostros de angustia de nuestros vecinos que poco a poco comenzaban a dejarse ver. Los teléfonos celulares habían dejado de funcionar, solo una empresa proveedora de servicio móvil estaba ofreciendo un poco de señal en algunas partes específicas de la isla. Recuerdo ver las personas reuniéndose en colmenas en todos estos puntos de contacto para tratar de comunicarse con sus seres queridos. La única emisora radial disponible continuaba sirviendo de enlace entre los familiares y personas de otros países. Todos estaban llamando, tratando de enviar mensajes mediante esta emisora y esperando desconsoladamente que alguien los escuchara. Estábamos en el momento más difícil porque habíamos perdido todo tipo de comunicación y nuestra forma habitual de vida había sido destruida e interrumpida sin limite de tiempo alguno. Yo acumulaba grandes envases de agua de todos mis vecinos y me dirigía a ciertos puntos que conocía donde podíamos conseguir agua potable y para otras necesidades del hogar. Habían pasado ya dos semanas y de mi trabajo me estaban buscando para que me incorporara a trabajar cuando aún continuábamos sin agua y sin luz. Recuerdo haberme sentido muy indignado, puesto que a pesar de que necesitaba el dinero, entendía que no era el tiempo ni el momento para reincorporarnos a nuestras labores. Me indignaba tener que dejar a mis hijos y mi familia en esas circunstancias solo porque la empresa quería reabrir sus operaciones, cuando honestamente no tenían nada de utilidad para ofrecerle a sus clientes. Los generadores de energía eran la orden del día, tanto de día como de noche solo escuchabas el coro de todos ellos interrumpiendo el sueño de muchos de nosotros. El correo postal estaba confrontando problemas de robo y envíos, mientras que en muchas ciudades del país había pandillas matándose unos con otros por el control de territorio. Hasta cierto punto la isla había entrado en un caos casi irreversible que duraría varios meses.

Ya nos habíamos regresado a la casa de madera y por el calor incesante en las noches, mis hijos dormían en el suelo para abrigarse con las frescas temperaturas que el suelo les brindaba. Las temperaturas eran altas al igual que la humedad, lo cual provocaba que sudáramos constantemente. Yo trataba de llevar un mensaje esperanzador en cada una de mis pláticas con cada persona que me encontraba, pero ya eso no era suficiente para darme cuenta de que algo dentro de mi no marchaba bien.

Mi esposa ya no creía que la isla tenia algo para ofrecer, no lo había tenido antes y mucho menos después de un ciclón tan fuerte y destructivo. Ella fue la principal testigo por años de que mis intentos por triunfar y alcanzar la cúspide no habían sido posibles. Esa noche del mes de octubre del año 2017, ella no aguanta más, su paciencia ya estaba al límite y debía insistir una vez más, en venderme la idea de que debía emigrar hacia los Estados Unidos de América. La conversación se tornó algo violenta puesto que yo no veía las formas de como una familia de cinco miembros podía irse a los Estados Unidos a comenzar desde cero sin tener un solo centavo. El único dinero que tenía disponible para invertir era el próximo cheque de mi trabajo que estaba por llegar. Me cuestionó varias veces sobre que esperaba darles a nuestros hijos y qué futuro le depararía si continuábamos viviendo en la isla tomando en cuenta las condiciones que atravesaba. Me mencionaba las muchas veces que no teníamos para comprar alimentos o para pagar la gasolina de nuestros vehículos y las pocas posibilidades que existían de que pudiésemos comprar nuestro propio hogar. Yo me sentía muy nervioso, inseguro y no sabía que más argumentar; tenía que finalmente aceptar que lo que ella planteaba era totalmente cierto y que estaba en mis manos podernos permitir que ocurriera un cambio. Recuerdo haberle gritado, retarla a irse ella sin mis hijos y hasta decirle que no había posibilidad de que me convenciera y que mejor prefería el divorcio. Ella voltio su rostro hacia un callejón sin salida y sin una palabra adicional se marchó hacia a nuestra recamara.

Por obvias razones esa noche no pude dormir, me sentía miserable, inferior e incompetente. Me sentía el peor de los padres de familia y lo peor de todo es que ya no tenía más excusas que justificaran mi incapacidad de tomar nuevas decisiones. Era momento de sentarme a solas con mi espíritu y tener una conversación de cara a cara con la verdad. Con una verdad que no estaba dispuesto a confrontar, con una verdad que siempre estuvo allí, pero que no tenía el valor de mirar a los ojos.

"Ése es uno de los caprichos de la oportunidad. Tiene el curioso hábito de aparecer por la puerta de atrás, y a

menudo viene disimulada con la forma del infortunio, o de la frustración temporal. Tal vez por eso hay tanta gente que no consigue reconocerla". Napoleón Hill.

Capítulo II

LA TOMA DE DECISIONES

Faltaban pocas horas para que el sol abriera sus ojos y me resplandeciera con su luz. Yo había pasado toda la noche observando a mis hijos durmiendo en el suelo de la habitación que usábamos de almacén, procurando no despertarlos con mi presencia. Estuve contemplando su inocencia y su ternura, así como su capacidad de adaptarse a cualquier situación sin reclamar nada a cambio. Comencé a sentir que tenia que beberme mi propio egoísmo en tragos amargos de entendimiento y aceptación. Ya era el momento de aceptar que yo estaba siendo un gran problema, que yo era la objeción más grande que tenían mis hijos y yo para salir adelante. Incluso, recuerdo haberme reflejado en mi hijo más pequeño, de nombre Tarkus, y con el cual tengo una gran conexión emocional. No solo por ser el más pequeño, sino por su gran parecido conmigo cuando yo tenia su edad. Esa similitud me hacía transportar hacia aquel entonces donde trataba de buscarle un sentido a las mil y una preguntas que podía tener, pero como todo niño, mi confianza se encontraba refugiada en la idea principal de que mi padre lo sabia todo. Mi mente comenzó a tener un proceso de cambio, un proceso de moldeamiento por medio de estos nuevos pensamientos de aliento y posibilidades que el mismo deseo o el poder de la intención me estaban regalando. Estaba experimentado los principios de una metamorfosis mental donde el consciente le estaba diciendo finalmente al subconsciente lo que debía hacer. Esta ocasión no escuchaba todos los viejos conceptos o ideas negativas de siempre que tanto daño me habían ocasionado. Esta vez comenzaba a entender que mi voluntad era mucho más fuerte de lo que parecía conocer y que tenia que comenzar a desconectarme completamente de todo lo que me podía obligar a permanecer en la isla. Mi orgullo, mi ego, mi padre, mi herencia y mis pocas pertenencias ya no eran un problema. En ese mismo instante se había abierto una puerta que me llevaría a cientos de puertas más que se estarían abriendo a su vez para mí; solo si continuaba permitiendo que este meditativo proceso continuara haciendo su labor. De pronto, los perros del vecindario iniciaron con sus acostumbrados ladridos de pocas inspiraciones y el sol ya estaba arrastrándose sobre la ventana. Yo respiré despacio, erguí mi espalda, levanté mi cabeza en alto y bañado en una sensación de bienestar me dije: "¡ *la decisión está tomada!*".

Antes de que se despertara mi esposa decidí preparar unas dos tazas de café negro y bien cargado. La esperé sentado en la meza de comedor, ella estaba algo sentida por la discusión previa, pero decidió sentarse frente a mí como a la espera de que yo dijera algo. Comencé por narrarle todo lo que había pasado la noche anterior y como observaba a mis hijos con mucha melancolía mientras tomaba una decisión final. Ella abrió sus ojos como los de un búho cuando es asustado por la luz y bebió un rápido sorbo de café. Le confirmé que había tomado una decisión muy firme, que estuve creando un plan para afrontarlo todo y que me encontraba más decidido que nunca a intentarlo. Mi esposa me había comentado unas semanas antes que ella tenia algunas amistades en el estado de California que podían ayudarnos en el proceso. Me indicaba que eran gente buena y que estaban dispuestos a abrirnos sus puertas para que comenzáramos una nueva vida. Aunque sabia que vivir con personas que no conocía muy bien era un gran riesgo que me jugaría, le comenté que aceptaba su proposición y que nos mudaríamos en cuanto antes. Recuerdo mis palabras claramente: *"Primero viajaras tú con mis hijos y en dos semanas llegaré yo"*. Ella, aunque un poco nerviosa, decidió aceptar las condiciones de nuestra nueva aventura. No teníamos dinero, solo el cheque de la próxima quincena; por esto debía aprovechar esas dos semanas para recibir un último cheque e intentar vender uno de mis automóviles, enviar el otro automóvil a California, y con esto, generar un poco más de dinero para mi llegada.

Llevaba algún tiempo muy desanimado con mi actual trabajo, había pasado por muchas malas experiencias de empleo durante todos esos años en mi país que mis esperanzas ya se habían agotado. El ciclón me ayudó a entender que a pesar de que siempre se dice que no es el entorno que es el individuo, yo podía confirmar que el entorno podía complicar o entorpecer los procesos mentales de igual forma y determinar ciertos resultados. Para este entonces, ya yo tenía un bachillerato en psicología que me ayudaba mucho a relacionar ambos contrastes. Es frustrante vivir en un país de pocas oportunidades, pero peor es someterte a la postura patriótica para permanecer en él. Mi esposa ya había llamado a una de sus amigas y esta estuvo de acuerdo con nuestra decisión. Las maletas empezaron a ocuparse de ropa, la casa comenzó a quedarse sin nada que no fuera útil y los niños estaban entusiasmados porque viajarían en un avión. ¡Qué bien se respiraba el ambiente de cambio y esperanza! Yo por mi parte, necesitaba encontrar la forma de escribir una carta de renuncia que me permitiera expresar todas las emociones que llevaba conmigo y a su vez, no lucir como que me estaba yendo sin tener nada esperándome. ¡Sí! me aventuraba a irme sin nada, me iría para regresar al escalón conocido como el numero cero. Ese tenebroso escalón al cual todos le tienen más miedo que respeto y en donde muchas veces quien regresa termina por quedarse en el para siempre. Comenzar de cero es volverlo a intentar, pero con mucho más conocimiento que antes, es una nueva forma de tomar decisiones a favor de tus metas y objetivos. Es regresar en el tiempo para tratar de reencontrarte y auto descubrirte; no puedes confundirte, no debes conformarte.

"Tu vida cambia el momento en que tomas una decisión nueva, congruente y comprometida." Tony Robbins

Octubre 3 de 2017

A: Acción Social de Puerto Rico.

En la vida hay decisiones que para tomarlas o llevarlas a cabo, se necesita de una gran motivación tanto interna como externamente. El bienestar propio y de las personas que amas se convierten en una responsabilidad que como líder debes asumir. Le he otorgado casi 20 años de servicio al pueblo de PR y me siento muy orgullosa de todo lo que he podido aportar. Llegar a ASPRI fué de gran satisfacción, ya que en todo este tiempo pude ayudar y servirle a todas las personas que de alguna forma necesitaban de mi asistencia. Estoy muy feliz por todas las asistentas del hogar y por tipantes de la comunidad a los cuales pude ayudar a ubicarse en un empleo y/o a terminar estudios. Muy feliz por el programa de agricultura y como se beneficiaron tantas personas de este. La verdad, pienso que quien trabaje en ASPRI, en especial de la región noroeste, se gradúa de una escuela de trabajo complicado y muy arduo; siempre en búsqueda de resultados. Espero que todos mis compañeros de trabajo puedan continuar enfocados hacia adelante, en búsqueda de progreso y mejorar sus vidas por el bien de los suyos. El Huracán María es esa gran motivación externa que necesitaba finalmente para tomar una gran desición que marcará mi futuro para siempre. Tanto así, que emito mi renuncia afectiva el próximo 10 de noviembre de 2017.

y como pueden notar lo hago en manuscrito porque a la fecha de hoy, no tenemos luz, ni agua, ni servicio de internet. Les deseo lo mejor a ustedes como agencia, esperando que puedan evolucionar y ajustarse a la realidad que se avecina. Muchas gracias por abrirme las puertas cuando lo necesité y agradeceo por toda la experiencia adquirida.

Recuerden que todos los días tenemos una nueva oportunidad para una mejor versión de nosotros mismos. No dudes en hacer lo que tengas que hacer para lograrlo.

¡Atrevete a ser único y diferente!

Cordialmente,

Capítulo III

ESTABLECIMIENTO DE METAS

Dentro de la toma de decisiones no necesariamente se establecen metas claras que te permitan enfocarte hacia caminos específicos que consientan la realización de esas metas. En esta ocasión yo había tomado una decisión que me permitía concebir un hecho en particular en donde trataría luego de crear las circunstancias que me llevarían al establecimiento de nuevas metas. Mis hijos y mi esposa habían abordado el avión y yo por mi parte, experimentaba la sensación de una honesta y justa soledad. El camino era largo, al menos dos horas de regreso hacia mi hogar. Pensaba que había hecho lo correcto porque estaba consciente que esta era la única forma en que no me arrepentiría. Recuerdo ir manejando y al mismo tiempo contemplando cada paisaje que conformaban los espacios de mi isla. Esos espacios que me susurraban mentiras y verdades, remordimientos y conformidad. Trataba de regular mis pensamientos y emociones hasta llegar de regreso a mi casa. Mi esposa y yo nos mantuvimos comunicándonos en todo momento hasta que no supe más de ellos. En horas de la noche recibí un mensaje de texto que me regalaba mucha paz al confirmar que todos habían aterrizado sin ningún problema: ¡estaban a salvo! Estábamos claros que mi esposa estaría a cargo de cuidar de los niños e inscribirlos en la escuela lo antes posible. No deseamos que se retrasará el proceso de adaptación, puesto que no hablaban inglés y ya habían estado algunas seis semanas sin cursos escolares. Uno de mis hijos tiene la condición del espectro autista, por lo cual se requería muchos otros procesos de adaptación adicionales para ayudarle en una forma más efectiva. Aterrizar no cambiaba nada, al menos no todavía; era solo el principio de muchos otros problemas que teníamos que estar dispuestos a enfrentar hasta que todos estuviéramos juntos.

Establecí metas a corto plazo en las cuales se encontraban vender unos de nuestros automóviles para con ese dinero pagar el envío del automóvil restante al estado de California. El carro lo vendí en 4 días de haberlo ofrecido a varios compañeros. Uno de mis amigos del gimnasio necesitaba un carro para su mamá, así que llegamos a un acuerdo en el cual había logrado ganar el dinero que necesitaba para enviar la camioneta. Le había pedido a un amigo de mi esposa que me hiciera el favor de comprarme el pasaje porque yo tenia problemas de conexión de "internet" para poder hacer la compra desde mi casa. El accedió y me sorprendió con la noticia de que ese era su regalo, que era lo menos que podía hacer por nosotros, que no le debía nada. Yo a pesar de que tuve que convencer a mi ego de que estaba bien, no dejaba de incomodarme el factor de que el papel de victima no era para mí. Aun estaba en un proceso de cambio, de transformación, el cual no estaba listo todavía para asimilar. Era imposible no darse cuenta de que ya estaba logrando en poco tiempo pequeños objetivos sin conocer exactamente cuáles eran las razones o los secretos en la realización de estos. Estaba provocando pequeños detalles buenos, luego de un momento de crisis el cual parecía ser infinito. La isla estaba sin luz y sin agua y sin suplidos básicos. Parecía ser que estaba rodeado de las peores condiciones para establecerme nuevos objetivos y confiar en que todo estaría bien. Yo era consciente de que había usado el poder de la voluntad anteriormente y que me había dado buenos resultados. Estaba consciente de que mi fe era gigante como un dragón, que cuida de su tesoro mientras duerme, confiado de que no pasará nada. Yo reconocía muchas cosas, pero eran aleatorias y no tenían un orden porque no sabia que debía existir uno. Ahí me encontraba yo, entre tinieblas, mosquitos, faroles, alimentos enlatados, y un sin fin de cosas más. Ahí me encontraba, en la nostalgia con el cántico de un coquí, pero anhelando un futuro, convencido de que existía algo mejor para mí.

Me despedí de personas importantes, amigos cercanos, mi hermana y mi papá. Lo trate de hacer todo muy rápido, pues no deseaba que las emociones me traicionaran. Ya llegando al aeropuerto nos dimos cuenta de que las lluvias remanentes del huracán continuaban azotando la parte este de la isla. Muchos automóviles estaban completamente arropados de agua, y yo le daba instrucciones a mi compañero para que manejara protegiéndonos de algún peligro. No importaba que obstáculos nos halláramos estábamos seguros de que llegaríamos a nuestro destino; porque ya lo habíamos visto en nuestras mentes, incluso mucho antes de llegar. Esperando en el aeropuerto para pagar mi equipaje el agente me indica que mi tarjeta de debito estaba declinando mi pago. Imaginarán cuan nervioso me puse en ese instante y cuantas cosas negativas pasaron por mi mente. Me moví hacia un lado a confirmar mi balance con el banco y pude después de varios intentos corroborar que mantenía el balance suficiente para pagar mis maletas, pero por problemas de energía eléctrica el banco estaba confrontando dificultades para despachar el dinero. Llamé a mi esposa y le expuse lo que sucedía e hizo una transferencia inmediata por la misma cantidad, esperando que esto resolviera el problema. Efectivamente, esta vez sí fue aceptada mi transacción y marché corriendo a la entrada que me permitiría partir hacia mi destino. El avión aceleró a gran velocidad, se levantó entre las nubes mientras estas lloraban melancólicas gotas que se estrellaban en las ventanas de aquel aeroplano. No recuerdo el día, ni la hora, ni cuánto dinero o pertenencias llevaba conmigo; solo recuerdo que lo hice, que lo había logrado y que eso, lo que estaba sucediendo, me ofrecía una sensación reconfortante.

Ya tocando el suelo americano me sentía listo, aunque tímido, había aterrizado a tierra extraña, pero repleta de historias de éxito y abundancia. Por muchos años mi esposa había insistido en que yo tendría mucho éxito en este país porque ella veía en mis todas las cualidades necesarias para sobresalir y vencer. Esas palabras siempre se habían quedado impregnadas en mi mente y me servían de estímulo para creer en mis posibilidades. Nos quedábamos en una casa enorme que se hallaba dentro de un complejo muy limpio y hermoso. Recuerdo haberme impresionado mucho con la calidad de sus carreteras y la amplitud de sus espacios. Varias personas se comprometieron con ayudarnos antes de mi llegada y un poco después. Aceptamos sus ayudas porque de alguna forma estaba consciente de que éramos nosotros quienes atraíamos a nuestras vidas todo lo que ocurría y por ello debíamos estar infinitamente agradecidos. Cuando concentras y enfocas la energía necesaria hacia una meta en particular, el universo, Dios o como le desees llamar, comienza a ayudarte a ver y crear las circunstancias que necesitas para encaminarte hacia tus objetivos.

La noche después de mi llegada todos estaban conversando sobre los planes que tenían. La dueña de la casa en la que nos encontrábamos tenia planes de darnos 3 meses sin cobrarnos renta porque ella consideraba que era un tiempo razonable para encontrar trabajo. También hablaba de todos los lugares a los cuales se podía ir de fiestas y divertirse. Yo por mi parte escuchaba atentamente, analizando cada movimiento verbal y no verbal que su cuerpo transmitía. *"Iniciaremos con una renta cómoda y luego la aumentaremos según les vaya yendo mejor"* la dueña exclamó. Entonces, yo tomé la palabra y les dije a ambas que yo contaba con mi propio plan, que mis metas estaban establecidas, al menos a corto plazo.

"Yo vengo a este país a tener éxito, no vengo a este país a irme de fiestas hasta primero no haber triunfado. Encontraré trabajo en un mes, ese mismo mes comenzaré a pagarle su renta y en cuanto antes, haré todo lo posible por comprar mi propio hogar"

Sabia que me estaba proponiendo unas metas a corto plazo muy fuertes y para muchos imposibles de alcanzar, pero sentía muy dentro de mi que era posible, que yo era capaz de lograrlo. Muchas veces tendrás la oportunidad de utilizar tu orgullo, egoísmo y otros sentimientos similares para tu propio beneficio, si tienes la inteligencia y madurez mental que se requiere para hacerlo. No se trata de si todos poseen estas cualidades se trata de si eres capaz de hacerte consciente de ello. Es por esto, por lo que muchas personas no comprenden porque siguen fallando una y otra vez, o porque por más que leen y escuchan a diferentes lideres no logran entender donde está el problema. Debes creer conscientemente que lo que te propones lo lograrás y que harás lo que tengas que hacer para hacerlo posible; estar consciente es estar en control. Me había percatado que había cientos y cientos de oportunidades de empleo en uno de los portales más importantes de este país. Cuando lo comparaba con las pocas oportunidades que existían en mi isla, mis ojos no dejaban de ver la cantidad de puertas que se habrían de frente a mi futuro. Eran ojos mágicos que descubrían cosas mágicas a su vez, porque ya no eran los ojos de siempre, ahora eran los ojos del alma. Una de las primeras llamadas que recibí de una oferta de empleo no me fue nada bien y me sentí muy decepcionado porque noté que mi ingles no estaba en el nivel necesario para alcanzar los trabajos que deseaba. Las metas eran más fuertes que los fracasos que podía enfrentar, así que permanecí en silencio luego de colgar la llamada y me dispuse a analizar lo que había sucedido. Me había percatado que las preguntas que por lo general hacían los empleadores por teléfono eran muy similares y que solamente debías adaptar las contestaciones adecuadas a la industria que representaba la empresa. Decidí anotar todas las preguntas en un papel y traducirlas al inglés y en adición llevarlas a todas partes conmigo. La estrategia funcionó, estaba teniendo mejores entrevistas y muchas más ofertas. Incluso, estuve en la posición de rechazar varias ofertas porque no pagaban suficiente o al menos no lo que estaba dispuesto a aceptar para comenzar. Todos los días y todas las noches enviaba cientos de resumes a todas las ofertas que pudiera persistentemente. En una de las llamadas, una compañía de recursos humanos me otorgaba la gran noticia de que deseaban entrevistarme una vez más, en su oficina. Estaba muy emocionado porque necesitaba el empleo y, sobre todo, necesitaba hacerlo en el tiempo que me había establecido.

No todo era color de rosa, mi esposa y yo habíamos tenido una discusión muy seria por problemas que trajimos del pasado en nuestras maletas y los habíamos dejado sin resolver. Es por esto, por lo que el pasado puede ser tu peor enemigo o tu mejor amigo, al final eres tú quien decides. Esa noche las cosas se tornaron muy difíciles y tuve que mudarme a casa de las únicas personas que conocía que podían ayudarme. Cubierto de una vergüenza inmensa partí con mis pocas pertenencias y pasé la noche desvelado, conversando con todos los demonios que se arrastraban sobre mi cabeza los cuales aprovechaban la oportunidad para insistirme en que regresara a Puerto Rico. Ya había acordado con el papa de la dueña de la casa que me llevara a la entrevista de trabajo al siguiente día porque yo aun no tenía vehículo y no tenía a nadie más que me pudiera aventar. Mi ropa estaba estrujada, mis ojos estaban llorosos y mi cuerpo reflejaba cansancio y derrota. El papa de la dueña me consolaba con historias del pasado y me animaba a tener confianza en mi y en Dios. Recuerdo que permanecía en silencio, pensativo y tratando de creerme el cuento de que podía hacerlo. Habíamos arribado a nuestro destino, yo le di un abrazo y le dije: *"vamos pa' lante, yo sé que puedo hacerlo"* El por su parte me dio la bendición.

La entrevista había sido todo un éxito y yo había logrado mi meta. En las primeras tres semanas del mes en el que arribé a un nuevo país, ya contaba con mi primer empleo. Era el reclutador de una empresa americana con dueños nicaragüenses a la cual empresas reconocidas subcontrataban para que manejaran su departamento de recursos humanos; en especial el ciclo de reclutamiento y nóminas. A pesar de todas las circunstancias que parecían estar en mi contra yo me aventuré con firmeza a dar todo lo que quedaba de mi convencido de que lo lograría. Utilicé a mi favor un momento de crisis para construir una nueva oportunidad. Ahora me encontraba de no tener nada en mis bolsillos a tener un nuevo empleo el cual me produciría los primeros ingresos de esta gran aventura. Había subido el primer peldaño, me encontraba de frente a una puerta que antes estuvo cerrada hasta que llegué yo y decidí abrirla. Ese día visité a mi esposa, conversé con ella y le di la gran noticia. Estábamos muy contentos, y mis hijos muy alegres de verme. Acordamos que regresaría al hogar esa noche, aunque tenia que dormir en el sofá algunos días en lo que todo se calmaba más. Entendí la situación y procedí a tomar las cosas con mucha paciencia. Deseaba disfrutar este gran logro, deseaba reconocer que todo lo que me propusiera era posible y que el haber tomado las decisiones correctas y establecer metas claras y precisas me estaba rindiendo frutos. El papa de la dueña se acercó a mi durante la noche y me comentó: *"pensé que no lo lograrías porque te veías muy mal, pero no quise decírtelo para no desanimarte"* Yo sonreí agotado, y ya casi dormido le di las gracias.

"Si quieres ser feliz, establece una meta que dirija tus pensamientos, libere tu energía e inspire tus esperanzas." Andrew Carnegie

Capítulo IV

PLANIFICACION

En mi nuevo trabajo nos rodeaba un ambiente de mucho estrés y nos manteníamos haciendo al menos unas sesenta llamadas al día. Entrevistábamos candidatos constantemente y nuestros jefes nos pedían resultados inmediatos. Como recuerdan, yo no sabía mucho inglés y permanecí aplicando la estrategia que me había dado resultado para memorizar lo que debía contestar o preguntar. En esta ocasión decidí escuchar como los compañeros de trabajo hablaban y que palabras decían para yo ponerlas en práctica sin tener que preguntar. Les confieso que los primeros días fueron tormentosos, porque incluso hubo personas que, al no entenderme, terminaban por colgarme la llamada de mala manera. Me sentí muchas veces ofendido y desesperado; muchas veces dudé de mi habilidad para adaptarme y anteponerme a esta situación. Éramos un grupo de cuatro personas, dos de estos eran bilingües con los cuales me desahogaba algunas veces y les compartía mis frustraciones. La mayoría de las veces me alagaban indicándome que mi ingles era muy bueno, y que todos pasaban por la misma situación cuando llegaban a este país. Pasado unas dos semanas ya me encontraba muy bien adaptado y mis resultados no esperaron para dejarse ver. Los jefes comenzaron a felicitarme por mi gran trabajo y mi capacidad de lograr buenos resultados en muy poco tiempo. Yo por mi parte, estaba constantemente en la espera de recibir algún ofrecimiento para algo mejor, un puesto de mayor nivel, porque estaba consciente de que este trabajo era temporero. Al menos, yo lo consideraba así, puesto que no pagaba aun lo que yo deseaba. Solo había transcurrido un poco de tiempo y ya yo estaba a la espera de algo mucho mejor. Las semanas fueron desvaneciéndose mientras cada una de ellas era cada vez mejor. Yo ahora me había convertido en uno de los mejores reclutadores de la empresa, pero existía un gran problema; la oportunidad de crecimiento era mínimo. Como pude reconocer este obstáculo a tiempo, tomé la decisión de ejecutar un plan de acción que me permitiera acercarme cada vez más a las metas que tenia propuestas sin necesidad de invertir mi tiempo en lugares o cosas que no me dejarían alcanzar lo que yo quería. Siempre que me preguntaban que deseaba ejercer o que cual era mi trabajo favorito, yo contestaba que me encantaba ayudar a desarrollar personal de trabajo y estructurar empresas. También, muchas veces, me visualicé creando y manejando mi propio negocio. Creo que casi todos en algún momento de nuestras vidas deseamos tener una fuente de ingresos permanente en la cual no tengamos que intercambiar nuestro tiempo y sentirnos mal remunerados, pero esta claro que la mayoría de nosotros no sabe que hacer o por donde comenzar. Esto trae como consecuencia conformarnos con lo primero que aparezca y nos saca de enfoque, nos estanca en la nada. El plan estaba trazado, yo reiniciaría el proceso de enviar resumes nuevamente, mediante el mismo recurso que ya me había dado resultados previamente y lucharía por obtener esa posición que tanto evocaba. Al mes de estar trabajando en esta compañía recibí la llamada de una empresa que ejerce en el campo de la salud y que estaba en la búsqueda de un gerente de servicios para su oficina en California. Era obvio que yo vi como mi plan estaba dando resultados y me estaba acercando hacia la meta, así que no lo dude ni un segundo y acepté ir a la primera entrevista. La misma se encontraba a una hora de distancia y no podía tomarme el riesgo de faltar o de decirle a mi actual empleador que me estaba ausentando por este motivo. Me tomé el riesgo de pedir autorización para irme de mi trabajo antes de tiempo y sin ninguna objeción accedieron a dejarme ir. A la hora que decidí irme, se me estaba haciendo tarde para llegar a tiempo, el tráfico era inmenso y la lluvia era incesante. Recuerdo que un automóvil que había podido comprar a muy bajo costo, tenía problemas de filtración de agua en su capota. Tampoco tenia sistema de enfriamiento o de calentamiento, por lo tanto, todo mi trayecto me la pasé secando el cristal empañado que no me permitía ver el camino y a su vez esquivando todos los carros que podía para recuperar el tiempo perdido. La cita estaba establecida para las 3:00 pm y yo había logrado llegar a las 3:01 pm. Recuerdo estar empapado de agua y con mucha preocupación, la cual calmé una vez ingresé por la puerta principal de la empresa. La entrevista había sido nuevamente un nuevo éxito, ya me estaba convirtiendo en un maestro del idioma y de como utilizar las palabras correctas, aunque muchas veces fuera necesario repetirlas una y otra vez para dejarme entender. Me dispuse a venderme yo como persona, lo que sabia hacer bien, mi empatía, las relaciones humanas; me enfoqué en proyectar mis atributos más positivos y los cuales más dominaba; nunca subestimé ni por un segundo mi capacidad de venderme como el mejor. Luego de unos días me llamaron para una segunda entrevista y en esta ocasión tuve que ingeniármelas bastante para salir del trabajo nuevamente antes de tiempo, puesto que esta vez no me estaban autorizando a salir. Luego de varias conversaciones, lograron aceptar con la condición de que yo regresará a mi oficina (el cual era un cubículo muy pequeño y limitado), y continuará mi jornada laboral. Yo acepté y me dirigí por segunda vez hacia esta segunda entrevista. Esta vez me esperaba el director clínico de la empresa, el cual permanecía silencioso luego de cada pregunta y no parecía mostrar sensibilidad alguna ante cada una de mis respuestas. Yo insistía y persistía en tratar de sacarle alguna emoción que me permitiera confirmar que había generado la empatía suficiente para sentirme satisfecho con mi desempeño. No parecía estar cerca de mi propósito hasta que de pronto hace una pausa y me responde que no tenía nada mas que preguntar, que se sentía muy completo y seguro con mis respuestas. Prosiguió diciendo: *"es cierto lo que dicen de ti, no cabe duda de que eres la persona indicada para el puesto"*. Luego de esto estrechó su mano agradeciéndome por haber asistido, se levantó de su silla y me comentó por última vez: "yo *soy mexicano y también hablo español"* seguido de esto ambos nos comenzamos a reír.

En la mañana siguiente recibí la llamada esperada de este nuevo trabajo, me ofrecían una cantidad de dinero por hora la cual yo no esperaba, ciertamente pensaba que por el tipo de posición y responsabilidades el pago iba a ser mayor. Por mi falta de valor en ese momento para pedirle más dinero, concluí por pedirle un dólar adicional por hora para aceptar la oferta; la misma fue aprobada. Me sentía muy contento, pero consciente de que tendría que aventurarme a un nuevo empleo, a solo unos dos meses de haber comenzado el anterior y a sabiendas de que lo que me estaban pagando, aún se encontraba muy lejos de serme útil para comprar mi nuevo hogar. Lo único que podía asegurar era de que había subido el segundo peldaño de la escalera, y esta vez me encontraba en una posición que me daría la experiencia y las habilidades necesarias para aumentar mi valor como profesional. Las primeras semanas fueron muy retadoras y complicadas. El adiestramiento fue terriblemente pobre con pocos recursos para comprender el material asignado. La posición se componía de alrededor unas 10-15 tareas diarias de alto consumo de tiempo. Los jefes no eran los mejores educando y la mayoría de ellos se encontraban en una oficina principal localizada en el estado de Nueva York. En general yo pude sobrepasar muchos de los retos por medio del error y aprendizaje, pero la frustración de tratar de aprender tanta información de una industria totalmente distinta a la anterior y en el idioma del ingles era inmensa. Todos eran jefes, todos daban instrucciones y todos culpaban a todos de los errores ajenos; era un entorno muy desafiante. Aun así, yo me comencé a dejar ver como capaz y como uno de los mejores moviendo resultados inmediatamente. Los clientes comenzaron a recibir servicios después de varios meses sin actividad a causa de varias renuncias a la posición. Hubo una ocasión donde una de mis compañeras de trabajo me informó que a ella nunca la habían enviado a Nueva York a visitar la oficina principal, que solo decidían enviar a algunos escogidos. Yo le mencioné que a pesar de que podía parecer raro, a mí me daba la impresión de que yo iba a ser uno de esos escogidos y que le comprobaría que en unos pocos meses me estarían invitando. Ella dudo mucho que fuera así y sonrió. Al cabo de dos meses en la empresa la ejecutiva principal decidió visitar la oficina para llevar a cabo una reunión con todos nosotros y a su vez poder conocerme. Efectivamente, luego de una larga conversación dándole mis puntos de vista, ella decidió que yo merecía ir a la ciudad de Nueva York para tomar un mejor adiestramiento. Ya imaginarán el rostro que puso mi compañera de trabajo cuando se lo comenté. Estuve una semana en la oficina principal de esta empresa capacitándome en todos los aspectos posibles. Me sospeché durante mi estadía que estarían tratando de añadirme más responsabilidades sin considerar ningún tipo de aumento o beneficio y que la compañía se hallaba en muy mal estado financiero en muchas de las oficinas. A pesar de todo esto me agradaba la idea de saber que este era mi primer viaje oficial de negocios y que me encontraba experimentando los beneficios de un gran esfuerzo previo. Sabía que estaba muy cerca de lograr encontrar el gran trabajo de mis sueños, pero consciente de que no sería de un día para el otro. En mi regreso al estado de California decidí darle forma y continuidad al plan trazado. Debía aguardar por algunos seis meses en total antes de comenzar a buscar un último empleo, y digo esto porque estaba seguro de que sería el último. Cuando pude confirmar mis sospechas de que no había espacio para crecimiento y que la empresa a pesar de ayudarles a cumplir con el presupuesto asignado mensualmente, no estaban dispuestos a cambiar nada, me dispuse a buscar otro empleo. Ya era el tercer movimiento de cambio de compañía que estaría buscando a efectuar en un lapso de siete meses. Mi plan estaba claro, no estaba cambiando de trabajos por cambiar, sino que sabia hacia donde me dirigía y lo que realmente deseaba. No estaba dispuesto a soportar trabajar en un lugar donde no me respetaran como profesional y donde no tenían su fe puesta en mi como yo la tenia en ellos. Yo estaba claro de que no había venido al país más rico del mundo para trabajar por propinas y vivir rentando propiedades. Aun teniendo un plan estratégico sobre lo que deseaba lograr sentía que necesitaba algo más, que un gran cambio en el exterior requeriría un gran cambio en el interior. Para ese entonces estuve más intrigado en conocer cómo podía trabajar mi mentalidad para mejorar mi enfoque hacia resultados inmediatos. Sabia que en el pasado había logrado ciertos logros por mi fuerza de voluntad, pero deseaba saber como obtener mejores resultados y tener mas control de mi persona. Esta intriga o preocupación comenzó luego de obtener una primera entrevista en una empresa muy reconocida en el estado, por su diversidad de oficinas en diferentes estados y países. Recuerdo haberlo dejado todo en esa entrevista y recuerdo que el rango de paga era el doble de lo que ganaba hasta ese entonces. El trabajo tenía todas las características de la ocupación de mis sueños y estaba listo a hacer todo lo que fuera necesario para obtenerlo. Dentro de mi búsqueda compulsiva me tropecé con el libro: <u>Piense y Hágase Rico de Napoleón Hill.</u> Este libro se recomendaba como uno de los mejores libros que han existido para adquirir todo el conocimiento necesario sobre el tema de la autocomprensión y como utilizar el poder de la mente y los pensamientos para lograr cualquier objetivo que deseáramos con fervor. El autor se había dado a la tarea de entrevistar a todos los millonarios de su época, incluyendo al gran Henry Ford, y obtener todos los secretos necesarios para lograr el éxito. El libro era maravilloso porque contaba con información precisa y concisa lo cual despertó en mi mucho interés. De inmediato, comencé a poner en práctica todos sus consejos y créanme si les digo que era desgastante. En especial en mi caso que soy algo obsesivo compulsivo con las metas que me propongo. Todas las noches durante esa semana, luego de la entrevista de trabajo, me dediqué a leer y leer sin cesar. Durante las horas de trabajo permanecía dando por hecho en mis pensamientos que ya me habían llamado de la nueva oferta de empleo, confirmando que yo era el escogido para el puesto. Recuerdo que, en muchos de mis momentos de desespero, al no recibir ninguna llamada, me escapaba corriendo al servicio sanitario para hacer pequeñas afirmaciones que me permitieran enviar la energía suficiente al universo, para recibir la tan anhelada llamada. Notaba que mientras más me desesperaba menos resultados obtenía; me la pasaba analizando que pudo haber salido mal durante la entrevista. Era obvio que estaba muy ansioso y nervioso, pero aun estaba en un proceso de limpieza de archivos mentales que no ocurriría de la noche a la mañana. Mientras estaba ya llegando el final de la semana me percaté de que durante la hora que me tomaba manejar a mi trabajo podía escuchar audiolibros en un canal de videos conocidos en Estados Unidos. Fue cuando entonces me topé con el libro: Padre Rico-Padre Pobre de Robert Kiyosaki. Estuve intrigado por este libro y su contenido, así que comencé a escucharlo al mismo tiempo que estaba leyendo Piense y Hágase Rico. De esta forma añadí a mi nuevo plan el leer y escuchar audiolibros relacionados al éxito y la autoayuda. Uno de los mensajes más contundentes lo fue el como es posible que elimines los archivos viejos que tienes en tu cerebro por medio de la repetición constante de nuevos pensamientos y creencias; en especial en el subconsciente, y como esta parte del cerebro es tan importante para el logro y la manifestación de nuevos objetivos. El libro comienza algo áspero porque te obliga a enfrentarte ante una realidad que sabemos, pero que no deseamos aceptar. Yo le llamo a este proceso de renovación: el proceso de filtrar tus archivos mentales y cortar el vicio de la identidad falsa. Le llamo así porque por muchos años permanecemos adquiriendo y aceptando cantidades inmensas de información y creencias que no son nuestras para luego crear una identidad que nos obliga a pensar y actuar como todos los demás. Nos convertimos en la mentalidad de la masa, y no en una mente individual que es capaz de por si sola enviar mensajes únicos al subconsciente. Así me sentí yo, como cortando un vicio de drogas, sudando, temblando, impaciente y hasta mal humorado en algunas ocasiones. Una vez, casi completado el audiolibro y manteniéndome firme en mis afirmaciones, logré recibir la esperada llamada siete días después de la entrevista inicial. Cabe resaltar que en la entrevista principal di todo lo que pude dar y me vendí como nunca antes me había vendido, de tal forma que hasta mi dominio del ingles no fue un problema. En esta ocasión me citaban para una segunda entrevista y yo estaba muy emocionado y excitado con la noticia. También, estaba muy sorprendido por la magia que se encontraba en aquello dos libros y como me estaban ayudando a subir a un tercer escalón. Antes de la segunda entrevista ya había entregado mi carta de renuncia a la actual empresa, dando por asegurado que esta nueva posición iba a ser mía. Creo que por esto fue por lo que experimenté tanta desesperación e intriga, pero acepto que fue una forma de obligarme a creer lo que estaba viviendo, de creer en el mágico cambio.

Hasta el momento, haberme planificado hacia unas metas me permitía acercarme cada día más a cada una de ellas. El haber comenzado no solo a aprender sino a imitar esos millonarios de aquella época, en pensamiento y conducta había sido una de las mejores decisiones hasta ese entonces. Ya más que una decisión se había convertido en una regla de oro:

establecer una meta, planificar como lograr esa meta y en medio de ambas, escuchar audiolibros que me mantuvieran informado y motivado. Ya no aceptaba nada negativo en mi vida, y eso incluía personas, pensamientos, películas, y todo aquello que me pudiera contaminar con energías poco productivas. Mis decisiones, mis metas, mi planificación y mi postura eran finales e irreversibles.

"Un plan es un puente hacia tus sueños. Tu trabajo es hacer el plan o el puente real, de forma que tus sueños se hagan realidad. Si todo lo que haces es quedarte en el banco soñando con el otro lado, tus sueños serán sólo sueños para siempre." Robert Kiyosaki

Capítulo V

ACCION Y METAS

Me encontraba escuchando un libro muy interesante para mí, se titula: <u>El Poder de la Mente Subconsciente de Joseph Murphy</u>. Este libro sí que lo puedo considerar un libro espectacular y magnificente. Todas sus enseñanzas de como utilizar el poder de tu mente subconsciente para la realización de metas son asombrosas, y no lo pensé dos veces para ponerlas en práctica. Recuerdo que antes de presentarme a la segunda entrevista había establecido el valor monetario al que me disponía de aceptar si deseaban que yo fuera el Gerente de Operaciones y Negocios de la empresa. Como había mencionado antes, ya no estaba dispuesto a aceptar cualquier trabajo, por salarios incompetentes e injustos y bajo circunstancias inaceptables. Ahora era capaz de concienciar un orden y una forma de exigir positivamente resultados específicos. Me repetía una y otra vez la cantidad que deseaba recibir según lo había establecido en esa primera ocasión hasta que se convirtió en un pensamiento constante y automático. El libro me ayudó a generar mi propia frase la cual hasta el día de hoy y luego de varios meses sigo utilizando y repitiendo en mi mente sin cesar. Aunque compartiré mi frase con ustedes les sugiero que creen la suya propia, una con la cual se sientan cómodos y seguros de sí mismos. Necesitan creer, sentir, visualizar y convencerse de que lo que se repiten en su mente todos los días, a cada segundo, ya ha sido obtenido o alcanzado por ustedes. La frase principal es la siguiente:

"Yo soy abundancia, éxito, prosperidad, riqueza, fortuna, salud, armonía, amor y paz mental. ¡Gracias, Gracias, Gracias!"

El día de la segunda entrevista había llegado y yo estaba listo como de costumbre, pero mucho más seguro que antes. En esta etapa le correspondía a la fundadora de la empresa conocerme y confirmar que yo era el candidato idóneo para la posición. Inicié estratégicamente por hacerle un resumen de toda la conversación que había tenido en la primera entrevista porque estaba consciente de que esa conversación poseía la energía suficiente para atraer su atención hacia mí. Ella no parecía impresionarse mucho al inicio hasta que mencioné que era de Puerto Rico y para mi buena suerte, ella era una fanática de las islas en el caribe. Es por esto, por lo que considero la cualidad de la empatía como una de las cualidades más importantes para tener éxito en la vida. Yo me vendí como el mejor de los productos, reflejando toda la pasión que tanto me caracteriza al hablar. Ella no me hizo esperar y me dijo: *"me gusta tu pasión y siento que necesitamos más gente como tú en esta empresa, te deseo hacer una oferta"* No les puedo explicar lo bien que me sentí porque no existen palabras para describirlo. Estaba siendo testigo de los resultados mágicos que produce la acción dirigida hacia metas específicas en combinación con los poderes de la autosugestión. La mente por si sola no va a producir resultados tangibles si no cuenta con el respaldo y la determinación suficiente de llevar a cabo acciones congruentes con el pensamiento. Es por esto por lo que se debe estar consciente del proceso en todo momento sin perder de vista ningún detalle. Asimismo, es por esto por lo que considero que no es una habilidad que todos podamos ejecutar sino se cuenta con el nivel de madurez mental suficiente para tomar la responsabilidad absoluta de su uso. Me recosté hacia el espaldar de la silla y esperaba atentamente a la parte final de la entrevista. Increíblemente me estaban ofreciendo la cantidad exacta que había pedido unos días antes por medio de pensamientos continuos y repetitivos. Podía describirlo como aquello que algunos poetas llaman: una experiencia religiosa.

Perdí la cuenta de cuantas veces di las gracias por aquel tan maravilloso día. El logro era gigante, pero más gigante era lo que faltaba por ocurrir. Esa noche recuerdo que celebramos con dos copas de vino y una cena espectacular. Esa angustia de no sentirme realizado por tantos años estaba dando sus últimos suspiros de existencia. De ahí en adelante continúe leyendo libros dedicados al tema exclusivo de las finanzas y creación de activos. Me comenzaron a interesar mucho estos temas porque ya dentro de esta nueva empresa, me pude dar cuenta que el director de finanzas y creador de la misma poseía excelentes cualidades que lo habían llevado al éxito. Para mi sorpresa, él mismo me confesó que todo lo que había logrado hasta ese entonces era gracias a su determinación, enfoque, claridad en la meta y largos años de experiencia en un trabajo anterior. Hasta el sol de hoy, continúa siendo una gran inspiración para mi vida tanto profesional como personal. Durante esos dos primeros meses de trabajo me dediqué a darlo todo en esta posición. Entraba temprano como de costumbre y me quedaba unas horas adicionales al final de la jornada. Siempre decía que sí a toda petición, aun sin conocer previamente como le haría para resolverlo. Esto no solo me permitía presentarme como alguien sumamente preparado, sino que me obligaba a aprender y crecer como persona. Mientras más aprendía y ejecutaba satisfactoriamente, más valor le estaba sumando a mi mejor producto, ósea: ¡Yo!

La empresa comenzaba a tener más sentido como organización con una estructura más solidificada y con nuevos procesos que estaba implementando para un mejor control en la calidad de estos. Disfrutaba cada aspecto de mis gestiones diarias incluyendo aquellos momentos donde debíamos decidir la terminación de algunos empleados. Hasta ese entonces, toda situación que se me presentaba trataba de encontrarle algún tipo de aprendizaje que me permitiera seguir hacia adelante sin ningún remordimiento. Es una de las mejores posturas que le puedo recomendar a cualquier persona, ya que te ofrece la oportunidad infinita de crear nuevos pensamientos con un enfoque más justo hacia tu ser. Desde pequeños nos enseñan a sentirnos culpables si algo sale mal o como no lo hemos planeado. Nadie nos enseña a que equivocarse es normal y que lo más perfecto que existe en el universo es lo que eres capaz de ver y sentir; la perfección absoluta es un concepto totalmente mal descrito o percibido por las generaciones humanas. Aunque llevaba solo dos meses en la empresa continuaba insistentemente con mi nueva rutina de frases, actitudes y pensamientos positivos. No debes de dejar de hacer todo aquello que continuamente te ofrece resultados, es un error auto confiarse o conformarse demasiado. Esto solo puede desenfocarte o lo que es peor, obligarte a ser prisionero de la zona de conforte y perderte a ti mismo indefinidamente. La próxima meta estaba más cerca que nunca o al menos eso estaba creyendo yo hasta ese entonces. Ya era tiempo de ir considerando intentar y comenzar este complicado proceso, y descubrir si realmente era posible lograrlo en el lapso propuesto de un año. Para ese entonces llevábamos solo nueve meses en este país y la expectativa era muy alta. Luego del primer intento nos dimos cuenta de que en el área que deseábamos vivir los costos eran muy altos y la cantidad que deseaban aprobarme era mínima. Todo el proceso de comprar una casa nos estaba dando la fachada de tener aspectos de imposibilidad, todo se quería complicar para nosotros repentinamente. Pasamos por muchas decepciones, desde apartamentos demasiado pequeños y lugares poco seguros o limpios. Algo en nuestro interior no nos permitía conformarnos, aunque para el agente estábamos siendo muy exigentes. Él decía que pocas personas podían agarrar una casa en tan poco tiempo y que estábamos muy limitados por el presupuesto aprobado. El prestamista indicaba que era posible, pero tendríamos que irnos a lugares mas distantes y no tan recomendados. Si te puedes dar cuenta, el hecho de que pongamos en efecto todos los pasos antes expuestos no nos garantiza que este tipo de situaciones complicadas no se presenten en nuestra vida. Es esta la diferencia entre un pesimista y un optimista; la persistencia con la que enfrentan la vida. Nosotros no estábamos dispuestos a rendirnos, estábamos dispuestos a dar la batalla y a hacer todo lo que fuera necesario para vencer. En esencia yo me sentía con la responsabilidad más grande de hacer esto posible. Cada vez que mis hijos me preguntaban donde estaba la nueva casa y cuando nos mudaríamos mi frustración se tornaba cada vez mayor. Ellos se merecen lo mejor porque han estado conmigo en las buenas y en las malas, esperando pacientemente por una vida más feliz y plena. Ya hicieron los sacrificios que como niños a veces sin tener otra salida debemos hacer. ¡Ya no más! Ahora era momento de continuar haciendo cosas maravillosas con nuestras vidas, de continuar haciendo magia con nuestros pensamientos y acciones. Decidimos detener la búsqueda por un mes, puesto que estábamos claros de que por la cantidad de dinero que teníamos disponible no íbamos a alcanzar la meta. Muchas veces tienes que medir tus limites y analizar si lo que estas buscando es al menos algo que crees es real. No se puede perseguir la irrealidad porque no se hallarán los frutos deseados. Como mencioné antes, debes creer en lo que persigues porque sientes que puede suceder, si dudas, debes detenerte y estructurar de nuevo el plan. Esa organización te dará las herramientas necesarias para tu próximo intento, te sentirás mejor capacitado para lograrlo. Cuando todo parecía detenerse momentáneamente, en mi trabajo decidimos entrevistar y contratar a una gerente de recursos humanos. Ya estábamos en la posición de crecimiento necesaria para que no pese a los tres meses que llevaba en la empresa, ya fuéramos capaces de considerar esta opción. El mismo día que decidieron contratar a la persona, yo me entusiasmé mucho, era otra meta que habíamos logrado como empresa y ya estábamos viendo como los departamentos iban tomando su forma. Esa tarde, se acercó a mi el director de finanzas y dueño de la empresa, y me confirmó que la persona estuvo de acuerdo con nuestra oferta y que comenzaría en las próximas dos semanas. Yo le extendí mi mano y nos alegramos mutuamente por lo que estaba sucediendo en la empresa, en todos los aspectos de esta. Paso seguido, me invita a su oficina y me comenta que tenia que hablar conmigo. Ciertamente, recuerdo haber sentido temor y preocupación, puesto que había tenido malas experiencias en el pasado con compañías que te utilizaban por un tiempo y luego te despachaban. Gracias a Dios este no era el caso. Me susurró en voz baja que efectivo ese día ya no era más el Gerente de Negocios y Operaciones sino el Director de Negocios y Operaciones de la empresa y que me aumentaban los ingresos el doble. Lo que significaba dos aumentos en tres meses, para un total de cuatro aumentos de ingresos en solo 10 meses que ya me encontraba viviendo en este país. Era imposible no sentirse feliz y entusiasmado. Recuerdo haberme esperado a llegar a mi casa para darle la noticia a mi familia y todos estuvieron muy felices. Todos se preguntaban como lo había podido lograr: ¿cómo generaba cambios económicos en mi vida con tanta facilidad? Yo debía aceptar que era en poco tiempo, comparado con otras personas, pero de fácil no tenia nada. Un poco antes de esto suceder yo había comenzado a invertir dinero en un porfolio de inversiones e iniciado la creación de mi propio negocio. Ya estaba listo para crear nuevos activos que me permitieran generar más dinero y estaba decidido a vivir en completa abundancia. El éxito y yo aprendimos a hacer los pases mediante el uso adecuado de los pensamientos, emociones y las acciones dirigidas hacia metas específicas.

"Poseo las riquezas infinitas de mi mente subconsciente. Tengo derecho a ser rico, feliz y a tener éxito. El dinero fluye hacia mí libre, copiosamente y sin límite. Soy siempre consciente de lo que realmente valgo. Permito que otros se beneficien de mi talento generosamente, y recibo maravillosas bendiciones en el aspecto financiero".

Joseph Murphy

Capítulo VI

LOS SECRETOS DEL ÉXITO

En los pasados cinco capítulos de este libro has podido leer y apreciar un resumen de mi historia, por los últimos 10 meses de vida luego de haber abandonado mi país de origen, y tras el embate de un huracán categoría 5. He tratado de que veas y comprendas el mensaje mediante el uso de los acontecimientos más importantes y relevantes. No quise dedicar todo un libro a detalles que, aunque importantes nos hubiesen llevado a la redundancia de eventos e ideas. No existe forma de explicar lo complicado que ha sido y la inmensa cantidad de energía mental y física que se requiere para lograr el éxito en un tiempo determinado. La disciplina y la constancia de nuevas formas de conducta requieren un alto sentido de responsabilidad con las que muy pocos desean comprometerse. He llorado, he reído, me he caído y me he levantado durante todo este proceso. No quiero venderte las ideas de perfección y simpleza que quieren los escritores tradicionales y modernos hacerte creer en sus obras. Hasta la fecha, he escuchado alrededor de treinta libros y más de cientos de videos de motivación personal. Muchos de estos videos están cargados de mucha información que estimula tus pensamientos y emociones, lo cual es importante a la hora de establecerte nuevas metas en tu vida. He visto y analizado muchas videoconferencias, algunas con temas algo abstractos y otras con información menos importante. No te dejes convencer de que con el solo uso del pensamiento será suficiente para alcanzar tus objetivos, porque nada esta más lejos de la verdad que esta aseveración. No te dejes atemorizar con la teoría de que tener un trabajo puede ser la peor decisión de tu vida, y que debes tener un negocio propio para ser feliz. La verdad creo que todos tenemos el derecho de decidir como vivir nuestras vidas, tener nuestras propias metas y no ser juzgados por nadie. Sí es contradictorio que pretendas ser económicamente autosuficiente o libre y que no procures hacer lo necesario para lograrlo. Puedo estar de acuerdo en que la mayoría de los trabajos allá afuera no son bien remunerados y no fomentan el crecimiento profesional y personal en sus empleados. Asimismo, tienes derecho a ser millonario, tienes derecho a tener mucho dinero, una casa grande, un carro de lujo, un viaje o simplemente a elegir la vida que desees, siempre y cuando esto te haga feliz. Ni yo soy mala persona por luchar por mis sueños de abundancia, ni tu eres bueno o merecedor del cielo por sentirte feliz siendo pobre. Debemos aprender a correlacionar las enseñanzas de la vida según nuestra conciencia nos permita y desde un punto de vista extremadamente positivo. Muchos de los autores que leerás te harán sentir como cualquier cosa y habrá otros que despertarán en ti un interés genuino sobre como auto comprenderte mejor para efectuar cambios inmediatos en tu vida. Debes ser bien astuto al momento de decidir a quién escucharas y que de lo que aprendiste serás capaz de aplicar. Por lo general, vas a notar que cuando piensas que todo esta saliendo como esperas, algún inconveniente o complicación tiende a aparecerse en tu camino. Muy atento a estas señales porque pueden servirte de eslabón para el próximo destino o pueden servirte de justificación para desenfocarte de la meta. Es en medio de estas situaciones donde pones a prueba tu persistencia y es una gran oportunidad para solidificar tu creencia en lo que estas haciendo. Créeme cuando te digo que son muchos los inconvenientes que se presentarán, no es tan simple como la mayoría de los autores lo proponen. Ellos están conscientes de ello, pero no les conviene explicártelo de una forma muy cruda porque no ocasionarían que despierte ese dragón que todos tenemos dentro. Incluso, en mi historia hay más momentos difíciles que fáciles, es por esto, por lo que no decidí incluirlos todos, a fin de cuentas: ¿Quién desea pasar por tantas dificultades para tener éxito cuando no se garantiza si lo lograras?

Esa es la pregunta que la mayoría de las personas se hace y es por establecerse esa pregunta que no suben al siguiente nivel. La postura con la que enfrentes la vida determinará un sin número de factores necesarios para la comprensión del proceso de transformación por el cual deseas pasar. Los secretos para tener éxito no te servirán de nada si en tu cerebro persisten los archivos de tu pasado. Todo tu sistema de creencias debe cambiar, debe ser reemplazado por una nueva identidad que en esencia es tu verdadero yo. Ese que tiene el control de todos los aspectos de si mismo y no se justifica para dejar de intentarlo. La única forma que puedes llegar a este nivel es aceptando que mereces algo mejor en tu vida, aceptando toda la responsabilidad de todo lo que te sucede. En el momento que comienzas a echarle la culpa a los demás de tus fracasos o de tu miseria, cierras todas las puertas y posibilidades alrededor tuyo. El mensaje que le llevas al subconsciente y al universo es: ¡No lo Quiero! o ¡No Puedo!

Es aquí cuando caes en la postura de víctima, una de las peores posturas mentales que pueden existir. Te conviertes en el mártir de tus lamentos y terminas por hacerte adicto a la sensación de sentirte despreciable o merecedor de la pena de los demás. La mayoría de las personas siente placer cuando expresa sus problemas a sus amigos, y compiten unos con otros para ganar la posición del más jodido. Es sorprendente ver la cantidad de personas que viven aceptando esta realidad en sus vidas. Desean de alguna forma pertenecer a ese grupo que le gusta reflejar que a pesar de todos sus sufrimientos continúan respirando. ¿Cuántas veces te has topado con familiares, amigos o conocidos que ante un comentario de positividad lo devuelven con un comentario negativo? ¿Has visto como hay personas que solo hablan y hablan de sus condiciones de salud o de todos los medicamentos que toman, o de las veces que visitan el médico? Y no es que sea malo hablar de todo esto, lo que es preocupante o curioso es como se convierte en un cantar rutinario en todas las conversaciones. Por algún motivo, más allá del que quizás conocemos, estas conductas sociales que se han ido transfiriendo de individuo a individuo tienen un impacto más profundo que las conductas representativas de fe y perseverancia. Es importante mencionar que no se le debe restar importancia a la influencia que tiene el entorno en cada uno de nosotros. Es algo que mencioné brevemente en el capítulo inicial, pero quiero dejar establecido que es esta una de las principales razones por las cuales he comentado en más de una ocasión cuán difícil es este proceso de desintoxicación mental. Por años eres sometido a un entorno abarrotado de creencias, ideas y procesos preestablecidos que han sido transferidos según los que están alrededor tuyo lo han percibido primero. El mensaje siempre ha sido diseñado para ser transmitido de diversas formas y cada cual es responsable de entenderlo como mejor pueda. No se trata de que el entorno no pueda modificarse, se trata de que no te explican a temprana edad de que eres capaz de crear otras opciones si las que el sistema te provee no funcionan. No es este el condicionamiento para el que te preparan, el condicionamiento que promueven la mayoría de los sistemas es la de copiar la vida del otro: estereotipos. Cuando las cosas no salen como el sistema te enseño, entonces te sientes miserable y perdido. Seguido de esto, te diriges a las personas equivocadas para obtener consejos equivocados que su vez te arrastran al abismo del conformismo. Lo triste es que es aquí donde te sientes respaldado, aceptado, aunque ya te hayas dado por vencido.

Los secretos del éxito están más allá de los conceptos que cualquier libro te pueda presentar. Si fuera tan simple como leer una oración, ya una gran mayoría fuera millonaria, tendrían una vida más plena y abundante. Los secretos se pueden descubrir entre los espacios vacíos, llenos de oscuridad o claridad, que te provee cada experiencia. Para que esto sea posible debes dejar de darle una explicación negativa a todo lo que te sucede, y alimentar tu mente con información puramente optimista. Cuando te encuentres en la situación donde empieces a decir cosas negativas de algo que te sucedió, detente de inmediato y procede a crear un nuevo análisis donde descubras lo que puedes aprender de lo que ocurrió.

Es el impulso animal quien puede tomar la delantera en la mayoría de los casos sino estas atento a tus propias reacciones. El ego tiene que ver mucho con estas reacciones y estos impulsos. El ego es parte de un "yo" contaminado por el entorno que nos rodea. Este sentimiento es muy poderoso y para poder domar la fiera que representa podría tomarnos una vida entera. Te recomiendo leas temas relacionados al ego en especial todas sus formas de expresión.

Napoleón Hill, así como otros autores, recomiendan escribir en una hoja de papel aquellas cosas que deseas adquirir con lujo de detalle. Muchos indican que esto crea una sensación de bienestar y control que es incomparable. Yo puedo asegurar que esta práctica posee un efecto sobrenatural sobre la conducta humana. Podría compararlo con el uso de un amuleto de la buena suerte. Recuerdo haber escrito en un papel en mi trabajo anterior: *"yo soy el nuevo gerente de operaciones y negocios de la empresa _____ y doy gracias por ello"*. El resto de la historia ya la conocen. Existen una variedad de alternativas en ese mundo donde todo es posible. Donde lo mas débiles tienen siempre las puertas abiertas y donde los que están adentro disfrutan de la vida de sus sueños. Tu decides si te quedas observando desde las gradas, criticando y juzgando a otros por lo que logran y tú no eres capaz de hacer o decides unirte al equipo de la victoria. No puedes pretender conseguir ciertas cosas en la vida sino estas dispuesto a pagar las consecuencias que el proceso traerá consigo. Cuando copias las cosas buenas nadie te dirá nada, cuando copias las cosas malas todos te señalarán. Vivimos en una sociedad donde hacer cosas increíbles se percibe como algo indebido. Es irónico ver como si hablas de tus sueños las personas se miran de reojo o simplemente cambian de tema. El mensaje que te tratan de transmitir es: *"lo que estas experimentando es una etapa en la cual yo estuve y no funcionó."* Es por esto, por lo que he aprendido a no decir mis cosas a básicamente nadie que no sea importante para mí. Tu no necesitas escuchar los consejos que darías tú si estuvieras en la posición de ellos, así que, si ya sabes lo que posiblemente te contestaran, ni lo intentes. Tus ideas o planes de acción no tienen que ser condicionados o filtrados a través de la opinión de otros. Es tu vida, tu futuro, tu familia, tus decisiones y tu mundo. Quien desee ser tu amigo respetará cada una de las decisiones que tomes, aunque no estén de acuerdo y no dejaran de amarte o apreciarte como persona. Aprende a vivir tu vida a tu manera, pero buscando siempre lo mejor para ti y los tuyos. En esta etapa donde puedes ver las cosas en otro nivel de pensamiento vas a chocar con la cruda realidad de que muchas de las personas que necesitaste o atrajiste a tu vida en algún momento tendrás que dejarlas atrás. Quizás, suene rudo o egoísta, pero es importante resaltar este particular porque he tenido amistades que me han ayudado de alguna forma y sienten que por esto nos debemos a ellos toda la vida y que las cosas deberán ser como ellos esperan que sean de ahí en adelante. Si tomas una decisión la cual por algún motivo entiendes que ellos no deben ser parte tienden a ofenderse y enojarse contigo. Esto es otro ejemplo de como el ego puede ser un factor clave en el conflicto o culminación de una relación interpersonal. Con el tiempo he podido contar mis verdaderos amigos y lo que eso significa para mí. Estuve envuelto con amistades muy dañinas y también logré establecer amistades muy positivas. Amistades donde existía una admiración mutua, pero sobre todo mucho respeto por nuestras opiniones. Si las personas que te rodean te están alejando de tus sueños debes dejarlos atrás. Si las personas que te rodean están consolándote y apoyando el hecho de que te estés conformando, debes dejarlos atrás. Si las personas están de acuerdo contigo cuando les dices que tu vida es miserable, que no sabes que hacer, debes dejarlas atrás. Si puedes contar tus amistades con los dedos de tu mano derecha y estas teniendo éxito, has hecho lo correcto.

Veras, los llamados secretos del éxito por si solos no tienen ningún poder si no aprendes a como utilizarlos. Muchos de los lectores saltan de libro en libro tratando de conseguir las respuestas a una gran pregunta: ¿Cómo lo hago? La verdad, yo estuve mucho tiempo tratando de buscar explicaciones a muchas otras cosas que pasaban por mi mente con cada experiencia que tenía. Todas esas cosas que vas aprendiendo en el proceso de crecimiento te pueden llevar a diferentes rumbos dependiendo en el modo en que las percibas. Desde muy joven me inspiraban celebridades como: Ricky Martin, Jiddu Krishnamurti, Bruce Lee, entre otros; me parecía grandioso todo lo que estas personas habían alcanzado y sobre todo me identificaba con ellos en cierta forma. Trataba de seguirlos e imitarlos pensando que esto me daría los resultados que ellos obtuvieron en la vida, lo cual era muy cierto. Aunque confieso que debes tener mucho cuidado es importante que comprendas que para tener el resultado que otras personas obtuvieron debes hacer las cosas que ellos hicieron, pero creativamente. Por ejemplo: si estas endeudado hasta los cachetes, busca ejecutar las alternativas que te ofrecen aquellas personas que estuvieron peor que tú. Si ellos salieron de su situación tú también podrás hacerlo; el problema a veces no reside en el cómo sino en la desesperación que sientes por resolverlo. Cuando digo que debes ser creativo es que debes estar dispuesto a crear tus propias ideas y formas de ayudarte en el proceso de obtención de resultados. Cada una de estas personas que admiras luchan diariamente con su yo interno, y gracias a esto pueden servirte de ejemplo o motivación para alcanzar tus sueños. Debes ser paciente, aunque los cobradores del banco estén sobre ti, aunque tu esposa no pare de recordarte que están por perderlo todo, aunque tus hijos lleven puestos los zapatos de hace dos años, aunque tus hijos te pidan nuevos juguetes y no sepas que contestar, aunque tengas que irte en taxi a trabajar; ¡No te rindas! ¡No dejes de insistir!

Los secretos del éxito están disponibles para aquellos guerreros de ojos cristalinos llenos de esperanza. No hay mejor forma de percibir estos secretos que no sea por medio de la experiencia propia. Es el aprendizaje la llave hacia esas nuevas puertas de posibilidades y alternativas. Tus problemas no son mejores o peores que los de tu vecino, ya para de competir por ganar el premio al más egoísta del año y responsabilízate por crear un mejor mañana. Es mediante el reto constante que podemos experimentar acontecimientos nuevos que retroalimentaran nuestra ignorancia. Muchos le llaman la dieta mental porque al cambiar la información que le das a tu cerebro, tu identidad tiene la posibilidad de cambiar también; todo va a depender de cómo lo apliques en tu diario vivir. Te recomiendo que busques todos los videos y grabaciones de Les Brown. Creo que no hay mejor discurso mañanero mientras tomas tu taza de café o estas en familia, que escuchar o ver a este hombre. No solo por su historia, pero su oratoria no tiene competencia; Les Brown es capaz de adentrarte en la televisión con él y despertar en ti todas las emociones necesarias para que veas que todo puede ser posible. ¡It's Possible! Es esta una de sus afirmaciones más usadas y que continuamente representa en sus discursos. Les Brown no solo fue adoptado, sino que fue declarado con retardación mental y los profesores en la escuela no le veían ningún futuro. No te contaré nada más porque deseo que puedas buscar los videos y puedas apreciarlos como lo estoy haciendo yo. El mensaje esta muy claro, debes aprender de todos algo nuevo que te permita avanzar en el logro de tus metas. El universo te ofrece infinidades de opciones que están a tu alcance, utilízalas y no pierdas el tiempo justificando porque no lo estas haciendo. Eso ya no importará si tomas la decisión hoy de cambiar tu vida.

"Si tú no te programas a ti mismo, la vida te va a programar a ti" Les Brown

Capítulo VII

LOS PENSAMIENTOS

Cuando me daba a la tarea de escribir este capítulo observaba detenidamente las gotas de lluvia que daban sobre los bordes de las ventanas de cristal. Mis pensamientos se dedicaban a describir cada detalle de lo que estaba presenciando con el fin de ocasionar una sensación de bienestar en todo mi ser. Es imposible no darte cuenta de que tus pensamientos afectan positiva o negativamente la forma en que ves las cosas que te rodean. Eres tú quien decide como organizar estos pensamientos para que puedas sentirte bien o puedes elegir permitirle que estos se manifiesten de la forma en que ellos deseen. Como quizás sabrás tus pensamientos están en constante movimiento porque es un proceso natural, y no porque alguien o algo quiera hacerte daño. El posible daño está en que no te hagas consciente de que esto es una realidad con la que tienes que vivir todos los días. Nadie tiene la capacidad de tener una vida como tú y como yo la conocemos y no experimentar pensamientos intrusivos de vez en cuando. Estos pensamientos son los que resuenan en tu mente incesantemente y por lo general te crean una molestia o frustración. El beneficio de estos pensamientos está en como los puedes utilizar a tu favor al convertirlos en estimulantes y reforzadores positivos. Muchas personas piensan que cuando estos pensamientos intrusivos aparecen en sus mentes es porque una entidad maligna esta dentro de ellos queriéndoles hacer daño. Los pensamientos pueden ser tan fuertes que quienes no tienen control de estos pueden terminar en la locura. Los pensamientos por lo general se pueden conectar con alguna emoción en particular que nos permita darle sentido. De forma automática ya muchos de estos pensamientos se conectan con ciertas emociones que nosotros consideramos normales. Por ejemplo: pensamientos de miedo, ira, amor, entre otros; son pensamientos universales con reacciones universales a su vez. No importa en que lugar del mundo o bajo que entorno fuiste criado, hay una tendencia a pensar y sentir lo mismo cuando te expones a estos contextos similares. Uno de los errores principales extirpa de creer que los pensamientos que llegan a tu mente son ordenes o instrucciones especificas de una fuerza externa a la cual debes obedecer. Inconscientemente, reaccionamos de la misma forma en la que llegan estos pensamientos y cuando nos damos cuenta de lo que hemos hecho terminamos por experimentar sentimientos de culpa. Es a esto a lo que todos le llamamos remordimientos. Hay personas que viven toda su vida atormentados por estos pensamientos de remordimiento y son victimas de un ciclo vicioso que no tiene final. Yo he notado como el pensamiento puede ser muy peligroso para nosotros porque lo viví por muchos años, mientras estuve en mi país. El humano se comparte pensamientos todos lo días, es un intercambio constante de ideas y puntos de vista ante situaciones rutinarias. La práctica es repetitiva por tanto crean un hábito de pensar y responder como todos lo hacen. En adición, comienzas a atraer a tu vida lo que todos ellos atraen también; sus problemas y sus alegrías. ¿Por qué crees que casi todos prefieren la vía fácil? La contestación puede ser obvia mientras que la decisión de hacer lo contrario puede ser muy difícil para muchos. Esos muchos componen ese gran porcentaje de personas en esta sociedad que no quieren cambiar para mejorar y tener éxito. Quizás, tú estas incluido en ese porcentaje y como estas donde hay un grupo mayoritario piensas que está bien así. Cuando decides sembrar una semilla de algún árbol o planta que te gusta, te preparas e imaginas todos los pasos en pasado, presente y futuro. Tus pensamientos se combinan para crear junto a tu deseo e intención todas las imágenes necesarias sobre lo que esperas del proceso. Por lo general, estas muy positivo ante el resultado de ver germinar tu semilla y proseguir con el resto de los pasos hasta ver a tu árbol en el mejor de los estados, el que tu deseaste desde un principio. No lo dejaste solo al azar, pero sí confiaste en lo que pensaste, vistes y creíste en tu mente; lo demás lo dejaste en manos de la fuerza o fuente natural que nos rodea. Esto se puede describir como una relación mágica y de complicidad entre tú y el universo para la realización de un objetivo. Si en el trayecto se presentan situaciones inesperadas tú ciertamente buscarás como resolverlo porque te interesa muchísimo que lo que visualizaste y creíste se manifieste lo más exacto posible. Tu postura y enfoque no se ven afectados por nada porque sientes que este proceso lo has hecho millones de veces y lo das por asegurado; te sientes muy confiado. No esperas fracasos ni errores, pero si sucede algo que no esperabas, lo justificas a favor de tus gestiones y demuestras que tienes todo bajo control. Al final, el resultado que deseabas se revela ante ti y te sientes muy feliz, complacido y capaz; te percibes como el mejor. Cuando nos enfrentamos a situaciones similares, pero estas requieren que pongas en acción nuevos pensamientos, nuevas imágenes y una nueva actitud; tendemos a sentirnos intimidados o incapaces. Las personas prefieren concentrarse en lo que ya saben hacer bien y no en nuevos retos y experiencias que le ayuden a mejorar. Si no es fácil no lo hacemos, si es fácil lo intentamos, pero si no sale como lo esperamos abandonamos. La búsqueda de la simpleza nos limita el pensamiento y la capacidad de creación. No quiero que pienses que te estoy sugiriendo que te compliques la vida, por el contrario, quiero que entiendas que dentro del contexto de establecimiento y realización de metas es compulsorio retarse todos los días. Si alcanzaste una meta debes continuar buscando otra, y otra y otra, hasta que aprendas a vivir en armonía con esta nueva forma de vida donde todo es abundancia y prosperidad. Cuando las personas te preguntan como lo haces, es cuando debes darte cuenta de que estas sobresaliendo, que estas haciendo algo que ante sus ojos es imposible de hacer. No dejes que tu ego se alimente negativamente, te sugiero que aproveches esta oportunidad para analizar y aprender de ti mismo todo lo que puedas estar haciendo que está beneficiándote de esta manera. Una vez lo identifiques, te pido de favor que, por nada, ni nadie en el mundo lo dejes de hacer. Cuando aprendes a descubrir por ti mismo todo lo que está envuelto en este proceso, es cuando te haces dueño de la llave que te abrirá el paso a encontrar los secretos del éxito que tanto buscas. Nuestra vida es en esencia un constante pensamiento proveniente de las energías circulantes en el universo. Sin los pensamientos solo hubiese materia flotante produciendo ciclos de existencia sin sentido humano alguno. Es hasta que aparecemos nosotros en la historia que comenzamos a crear explicaciones para calmar nuestra curiosidad. Debo mencionar tres libros importantes del autor, Dr. Manuel Ruiz: Los Cuatro Acuerdos, El Quinto Acuerdo y La Voz del Conocimiento. Estas obras describen entre tantas cosas importantes el uso del pensamiento y la responsabilidad que debe tener el individuo consigo mismo. Me parece fascinante el método de enseñanza utilizado por el autor y como este hace contraste con las ideas y creencias toltecas. Yo estoy convencido de que muchas de las convicciones que por seguridad hemos escogido nos ayudan a definirnos dentro de esta sociedad y ser parte de ella. Al comenzar a ver todo desde afuera vemos como el sistema de pensamientos sugeridos en la mayoría de los países no está permitiendo desarrollar seres humanos capaces de alcanzar su máximo potencial. Los países no tienen claro que desean provocar en su gente, y hasta que punto todo lo que han creado tiene sentido. Ricos y pobres, negros y blancos, buenos y malos y así sucesivamente, clasificados como los animales que somos. Pregúntate de hoy en adelante cual será tu próximo movimiento, cual será tu próxima decisión y hacia donde te quieres dirigir hacia el futuro. Vivir el hoy parece ser una recomendación que no tiene sentido, excepto que tengas suficientes razones para dar el todo por el todo, por si llegase ese mañana.

Observa tú entorno y te podrás dar cuenta como vamos robotizados de un lado al otro, de rutina en rutina, en un constante ajetreo al cual le llamamos vida. Si te detienes por un instante y examinas cada detalle de esta conducta, también sabrás predecir los pensamientos que están corriendo por cada una de esas mentes. Es por medio de esta predicción que puedes distinguir a las personas sobresalientes y exitosas del resto de la sociedad. Las conversaciones de una persona exitosa por lo general tratan de temas relacionados con la superación, los negocios o sus nuevas metas. Las personas de mente no exitosa tienden a hablar de sus fracasos, de lo mal que le va en la vida, y de lo difícil que es vivir teniendo que pagar tantas cosas. Son dos posturas totalmente distintas las cuales se distinguen precisamente por la decisión del pensamiento. Pensar sin voluntad no sirve de nada, porque los pensamientos necesitan de un agente impulsador que les permita transmutarse en la realidad. Lo que me agrada de la voluntad es que se relaciona mucho con la fe que poseemos en nosotros mismos. Es quizás, una forma de expresión física del deseo genuino de querer hacer algo. La autoestima es sin duda alguna esa tierra fértil de donde se producen estos deseos voluntariosos. Muchas personas juran amarse a sí mismos, pero cuando escuchas la forma en la que se expresan no aparentan estar muy claros de lo que esto significa. Aparentar lo que no eres solo por encajar es sinónimo de una autoestima frágil y sensible. Aunque sabemos que no debemos intercambiar nuestra privacidad por la aceptación de los demás, es importante que conserves tu realidad y no te creas tus propias mentiras. Esas mentiras que utilizas con el propósito de sentirte parte de un grupo o de tus amigos, o de la sociedad misma. Hago esta correlación entre pensamiento y mentiras con el propósito de que comprendas, como a su vez, pueden afectar el modo en que relacionas ambas con tu autoestima. Si yo tengo que estar en la postura de mentiroso cada vez que estoy frente a mis amistades significa que podría estar creando una realidad falsa que podría a su vez, perjudicar la forma en que mi autoestima se alimenta o se manifiesta. La imaginación solo puede tener sentido si haces uso de los pensamientos correctos para describirla, mientras la observas en tu mente. No puedo imaginarme un carro y describirlo como un barco porque no tendrá ningún sentido. La imaginación, aunque maravillosa debe tener sentido para nosotros, como mencioné antes, debes creer que lo que imaginas es en efecto así. Detrás del acto de imaginar se hayan varios factores estimulantes que propician la decisión de pensar para crear. Es muy diferente cuando solo pienso por pensar porque se trata de resolver o analizar situaciones básicas, de todos los días, a cuando debo pensar para armar un rompecabezas desde cero. Como leíste en los capítulos anteriores, yo llegue desde cero a este país teniendo claro de que debía enfocar todos mis esfuerzos hacia unos conocimientos y metas nuevas para que pudiese tener el éxito que estoy obteniendo. Hemos leído muchos libros de autores que ya alcanzaron todo lo que deseaban y te presentan con mucha facilidad como hacerlo. Muchos de estos hacen ver que el pensamiento sí tiene que ver mucho en el proceso y otros se enfocan en las acciones y estrategias que debes tomar. Otros se enfocan en ambas o no se enfocan en ninguna y solo te dicen de forma muy general que puedes hacerlo. Creo que este es el primer libro sino uno de los pocos que se escriben mientras el autor esta a mitad del proceso de convertirse y alcanzar todo lo que ha deseado. Yo te estoy haciendo parte de este proceso con la única intención de que te sientas más familiarizado y comprometido con la realidad que vivimos los seres humanos normales frente al éxito. Todos tratan de hacerte parte de sus éxitos una vez lo obtienen, pero nadie tiene el valor de expresarte en tiempo y espacio lo que está sucediendo en su mente y en su cuerpo mientras va encaminado a su destino. Esto por miedo a que puedan fracasar luego de haber garantizado que lo que estaban haciendo era lo correcto, y peor aún, luego de haberte garantizado de que los secretos del éxito son infaliblemente irrefutables. No los culpo puesto que es muy difícil para cada uno de nosotros encontrar una estrategia especifica por la cual podamos educar a las demás personas a tener éxito. Creo que las herramientas que existen son las únicas que pueden utilizarse, lo que podemos cambiar es la forma en las que las aplicamos a nuestras vidas. Deseo que puedan aprender a descubrir el uso del pensamiento a favor de sus metas, a favor de su autoestima y del amor propio que deben sentir por ustedes mismos. Ya no se hagan más daño copiando vidas que no son de ustedes, conspirando con la pobreza y la auto victimización. Es tiempo de despertar para ser diferente, único y genuino; ¿sino es hoy, cuando?

Que tantas cosas podemos hablar del pensamiento, de la imaginación y de todos los procesos mentales que agraciadamente posee el ser humano. Solo unos cuantos se dan a la tarea de educarse y retroalimentarse sobre estos tópicos que tanta relevancia tienen en nuestras vidas. Piensa por un minuto cuantas personas en este preciso momento están leyendo un libro, o están escuchando una grabación motivacional, o imaginándose a sí mismos logrando sus sueños. Seguramente, los mismos que están dentro de ese 1 o 2% en toda la faz de la tierra que aun y después de alcanzar el éxito no han perdido la costumbre de hacer todas esas cosas que los llevaron hasta allí. La disciplina es una de esas cualidades que te permite establecer esta conexión entre persistencia y constancia. La mayoría de las personas se cansan muy pronto de mantener nuevos hábitos que beneficien su vida en general. No los culpo, pero tampoco los justifico porque es algo que no necesitan, ya que por si mismos se justifican diariamente para no volverlo a intentar. La disciplina no se lleva bien con las personas que quieren resultados inmediatos, créanme cuando le digo esto, puesto que yo soy una de esas personas. He aprendido a hacer los pases con la disciplina en el nivel requerido no tan solo para volver a intentarlo sino para obtener resultados en poco tiempo. Es una combinación que requiere una dosis muy alta de determinación y compromiso. Sé cuan complicado puede sonar todo esto, pero como te mencione antes, no existe un sistema universal para educar sobre estos temas y debes entonces escuchar y leer todo lo que puedas para crear tu propia forma de auto educarte.

Al final, lo menos que deseo es que te frustres más de lo que puedas estar y dejes de persistir.

"Sólo es capaz de realizar los sueños el que, cuando llega la hora, sabe estar despierto." León Daudí

Capitulo VIII

EL DESTINO

Con cuantas personas te has encontrado que comparten la idea de que sus vidas estarán regidas por un destino específico del cual no podrán hacer nada. Por varias razones la personas que viven en la pobreza, por lo general tienden a adoptar este tipo de creencias. La esperanza no se puede confundir jamás con la incapacidad de predecir o crear tu propio futuro. Es lo que hace este tipo de personas, confunden la esperanza con el tener que ponerse a la espera de que el destino se encargue o tenga la responsabilidad de ofrecerle lo que tanto aguardan. Desean que ocurra el famoso milagro divino sin necesidad de ningún esfuerzo por parte de ellos. Yo recuerdo cuando era muy pobre, porque debes saber que no nací rico o en condiciones perfectas o con todas las circunstancias que la gente cree que tienen las personas exitosas. En el contexto en el cual crecí fue uno muy carente de lujos, comodidades o abundancia en general. Vivía en una casa pequeña de madera embalsamada con polillas caseras y un techo con planchas de aluminio en los cuales se refugiaban algunos cincuenta murciélagos. Llegué a sentirme tan pobre que hubo una ocasión donde me enviaron a la escuela con zapatos de jugar béisbol porque mis padres al parecer no tenían dinero para comprarme unos zapatos nuevos. Fui victima de la burla de los demás niños que tenían zapatos y ropas de marca. Recuerdo que mis primeros zapatos de marca los pude comprar luego de trabajar por varios meses con mi papa vendiendo revistas y libros usados en una ciudad cercana a la nuestra. El lugar era un terreno enorme el cual permitían que fuéramos a vender todo lo que existiera de segundas manos, pero que aún sirviera. El terreno se encontraba frente a una enorme fábrica de procesamiento de atún, que a su vez estaba ubicada frente al mar. El olor a pescado putrefacto era tan fuerte que muchos de los trabajadores de la fábrica adquirieron enfermedades respiratorias. Llegábamos a las 4:00 am, todos los domingos. El día anterior debía subir todas las cajas con mi papa al carro hasta que no cupiera una caja más. Al llegar debía ayudarle a bajarlas y luego montar una carpa azul para protegernos del sol. Mi mama nos preparaba un termo de café con leche, y unos emparedados de jamón y queso. Recuerdo ese día donde le dije a mi papa, luego de varias discusiones que deseaba uno zapatos deportivos que había visto en un puesto cercano al nuestro y que el señor que lo vendía pedía solo veinte dólares por ellos. No puedo olvidar que intente muchas veces convencer a mi papa de que me los comprara hasta que accedió con la condición de que vendiéramos al menos trecientos dólares esa mañana. Yo estaba muy emocionado, para ese entonces ya tenía 14 años. Esa mañana experimenté la sensación de pensamientos positivos, de sensaciones genuinas que no aceptaban un resultado negativo. Me coloqué junto a mi padre y comencé a prestar atención a todos los detalles y estrategias de venta que utilizaba para vender sus libros y revistas. Lo consideraba un maestro del arte de las ventas, y a veces me preguntaba, como no había llegado más lejos con tanto talento. En cuanto cerraba una venta yo me encargaba de empacar en fundas de plástico toda la mercancía y les daba las gracias a los clientes. Me hallaba muy motivado, puesto que cada venta representaba el estar mucho más cerca de mis zapatos nuevos. En todas esas horas mis pensamientos no se detenían viendo realizados mis sueños. Unos minutos antes de la subida del sol yo había salido corriendo hacia el puesto de zapatos para tomar en mis manos los zapatos deportivos que tanto me gustaban. Los observaba, admiraba, y me imaginaba con ellos puestos; caminando muy orgulloso y seguro. Sin ningún tipo de información previa estaba ingeniosamente tratando de crear mi propio destino. Mi destino eran los zapatos y mi deseo me permitía crear astutamente las circunstancias para lograrlo. Aunque no necesariamente poseía la conciencia del proceso, estaba creyendo fielmente en lo que estaba pensando y sobre todo en lo que deseaba obtener. La mañana culminó y en eso, ya yo estaba de regreso de comprar dos empanadas de yuca y dos vasos de jugo de horchata. Mi papa, al verme llegar, me dio instrucciones de recoger todo porque ya habíamos terminado. Yo no pregunté nada relacionado al dinero para mis zapatos, pero mi papa sin decir nada, introdujo sus manos en el bolsillo de sus pantalones y me dijo: - *"aquí tienes tus veinte dólares para que te compres tus zapatos deportivos"* Todavía puedo recordar con exactitud lo feliz que me sentí y como brincaba de alegría de camino hacia el puesto de zapatos.

El destino es algo así como el refugio de todos aquellos sueños que no hemos podido lograr y que por muchas razones creemos que no estarán a nuestro alcance. Creemos que la única forma por la cual esto pueda manifestarse es mediante la intervención de algún evento sobrenatural del cual obviamente no tendremos control alguno. El universo se mueve de misteriosas formas las cuales ignoramos y por más que deseemos tener control de ellas no se nos permite llegar hasta ahí. Pero, que tal si comenzamos a darnos cuenta de la capacidad infinita que sí tenemos disponible para crear y dominar condiciones en nuestro interior, así como en nuestro entorno para lograr un destino específico. ¿Hasta donde podemos ser capaces de percibir este único poder que nos puede guiar y señalar los caminos necesarios para arribar hacia la meta? Creo que mediante cada experiencia se puede establecer una relación directa y espiritual entre nosotros y el destino. Veras, cuando te empeñas en descubrir y analizar las enseñanzas que provienen de algún evento en particular puedes a su vez crear un eslabón con el modo de operación de las cosas que están fuera de tu control. Estableces nuevas técnicas de predicción de resultados que te podrían ayudar a prevenir y repetir el mismo error una y otra vez. Es algo así, como poseer una barita mágica con la cual puedas enfrentar y defenderte contra todos aquellos inconvenientes que de alguna u otra forma conocías podrían ocurrir. No sabes las cosas solo por saberlas, sino que las sabes y las llevas contigo para cuando tengas que utilizarlas a tu favor. Los vendedores que conocen mejor su producto tienen buenos resultados, pero los vendedores que conocen las excusas que sus clientes les responderán tienen resultados de excelencia. Ellos se adelantan a un destino que no ha llegado con el fin de obtener los resultados que esperan. El destino es una combinación entre lo que conoces y haces versus lo que esperas que suceda. Los espacios que existen entre los factores involucrados para alcanzar un objetivo, les podemos llamar: márgenes de error. Son estos márgenes los que no podemos predecir o controlar y que de no estar preparados nos podrían afectar los resultados esperados. Esto no quiere decir, que si algo no sale como esperas es culpa del destino, o de estos márgenes de error; sino que si no procuras ejecutar efectivamente el plan designado para la obtención de tu meta, serás afectado por los factores que no están bajo tu alcance. Partiendo de esto, el ser humano tiende a generalizar y encapsular todo lo que no comprende para darle algún sentido, por lo tanto, culminarán por argumentar que el destino no está de su lado.

Hay una gran diferencia entre ser ignorante a hacerse el ignorante. Por lo general, la gente que no quiere provocar un cambio honesto en sus vidas prefiere jugar el papel de ingenuo. Se podría decir que es un método de defensa que los seres humanos utilizan para pasar desapercibidos o evitar algún tipo de señalamiento. Aunque parezca imposible, aún existen personas en el mundo que no tienen acceso a la información que muchos de nosotros tenemos. Eso incluye comunidades de diferentes países, como diferentes tipos de tribus o colmenas antiguas. De estos grupos o individuos podríamos entender porque reaccionarían ajenos al conocimiento básico de las nuevas civilizaciones, pero observar como la ingenuidad se ha convertido en una herramienta adicional que tienen en la baqueta las personas que no quieren enfrentar sus problemas, debe ser razón suficiente para preocuparse. Entonces, podemos decir que existe una relación entre el miedo y la ingenuidad; la cual crea un puente entre la verdad y lo que quiero aceptar como mi responsabilidad. En teoría el autoconocimiento es clave importante para la supervivencia exitosa de un ser humano. El autodescubrimiento y todo lo que empieza y finaliza con uno mismo tiene que considerarse un asunto de interés para todos. Hace mucho tiempo atrás, luego de leer varias obras y escritos de Juddu Krishnamurti, pude hacerme consciente de cuan importante es ser honesto con uno mismo cuando se trata de auto estudiarnos como persona. Nuestras reacciones, actitudes y sobre todo nuestro procesamiento mental y emocional nos permiten acercarnos a ese autocontrol que anhelamos adquirir. Puedo asegurar que una gran mayoría de personas que se rinden antes de camino es porque han decidido aventurarse hacia una meta sin tener ningún tipo de autoconocimiento. Muchos creemos que lo que conocemos hasta ahora o creemos conocer es suficiente para enfrentarnos a la vida. Cuando las cosas no salen como creíamos, desistimos de continuar intentándolo y asumimos que hicimos todo lo que estaba a nuestra disposición. Es aquí cuando llegamos a la conclusión de que el destino tenia algo diferente para nosotros.

No deseo venderte la idea de que somos entidades míticas que estamos desconectados del universo que nos rodea, y que nos debemos autocastigar si las cosas no resultan según proyectado. Muchas veces me castigué y me juzgué injustamente antes de llegar a este nivel donde todo resulta más positivo y productivo para mí. Creo que el mensaje que te he tratado de transmitir desde el inicio de este libro se relaciona más con la confianza que siento de poder aconsejarte que todos esos sueños que tienes pendientes o distes por perdidos, pueden ser posibles si solo te aventuras a explorar y autoalimentarte con nuevas formas de pensamiento. No te estoy diciendo que te debes convertir en millonario para considerarte una persona exitosa; pero sí creo que no debes conformarte si no eres feliz y que no debes confundir el concepto felicidad con el haberte rendido. El destino como palabra no tiene significado porque por lo general es utilizado cuando queremos describir algo que no conocemos o ignoramos su existencia. Al dejarle todo al destino, le estamos dejando nuestra "buena suerte" a la "mala suerte", porque detenemos todo esfuerzo de persistir y luchar por lo que queremos. Por favor no confundas a Dios con el destino porque acabaras siendo miembro fiel de la masa mayoritaria que se sienta a esperar un milagro con un crucifijo entre sus manos. ¡Recapacita! Date cuenta de que llevas programado toda una vida y decídete a despertar. El destino no quiere que esperes, el destino quiere que actúes y lo encuentres: ¡Reprográmate Hoy!

"Tal vez no podamos escapar del destino del ser humano, pero podemos elegir entre sufrir nuestro destino o disfrutar de él, entre sufrir o amar y ser feliz, entre vivir en el infierno o vivir en el cielo. Mi elección personal es vivir en el cielo. ¿Y la tuya? "Los **cuatro acuerdos**" *(1997)*

Capítulo IX

¿COMO LO HAGO?

¿Cuántos de nosotros hemos pasado una vida tratando de encontrar las respuestas necesarias para alcanzar la fortuna, felicidad o la cura para una enfermedad? Hay quienes bajo ignorancia gastan lo poco que tienen en consultas con "adivinos" con la esperanza de que estos puedan contestarles todas sus preguntas. Otros, creen poseer todas las respuestas, pero no hacen nada diferente para cambiar sus vidas. Lo triste de querer saber las respuestas para tener éxito en la vida no radica en la pregunta sino en lo que espero devuelta. La mayoría de las contestaciones a las preguntas que vienen relacionadas con el logro de metas traen por consecuencia etapas y procesos con cierto grado de dificultad. Es este grado de dificultad el que decepciona y aleja a las personas comunes de su objetivo. El nivel de complejidad que existe detrás de esto repele a las personas que le han tomado mucho cariño a las cosas fáciles y simples de la vida. En Puerto Rico, por ejemplo, las personas nacen con un privilegio el cual no todos poseen: la ciudadanía americana. ¿Ustedes saben cuantos miles de personas arriesgan sus vidas y hasta mueren por tocar tierra americana? Solo tienen que ver las noticias del gobierno central y podrás confirmar lo que te estoy diciendo. Todavía a estas alturas, el actual presidente sigue insistiendo en que se construya una muralla en la frontera entre México y Estados Unidos para prevenir la entrada de indocumentados a EU. En Puerto Rico este no es el caso, todos los boricuas nacen con este documento en las manos, pero el sentimiento patriótico y el miedo auto engendrado por la historia, es mucho más fuerte que este gran detalle. Todos los días se habla de lo malo que le está yendo al país en muchos aspectos, de lo complicado e injusto del salario en los trabajos, de lo incompetente del sistema educativo, salud, y gubernamental. Todos los días es un constante ¡ay bendito! Y aunque debo decir que somos tremendos guerreros con un espíritu sin igual, no siempre sabemos usarlo a nuestro favor. La mayoría de estos solo ven pasar la vida todos los días, insatisfechos y arrepentidos por cada decisión que hasta la fecha no han tomado. Justifican su pobreza o su incapacidad de aceptar su responsabilidad repartiendo las culpas desde el gobierno hasta sus vecinos más cercanos. Su mentalidad está enfocada en logros pequeños que solo alimentan su propio ego. Viven y compiten entre si constantemente, y son generadores de sentimientos como la envidia y la venganza contra sus propios vecinos. Este es el entorno que no solo se vive en Puerto Rico sino en todas las partes del mundo donde la pobreza es un factor predominante. Podría decirles miles de cosas más, buenas y malas de mi país, pero quiero hacer el contraste entre la pregunta y la respuesta. La cultura puertorriqueña tiene una herramienta que otros países no tienen. Posee una respuesta inmediata a sus preguntas, pero prefieren rechazarla por el nivel de complejidad que ellos entienden que tiene. Tenia un amigo que decidió aprovechar esta herramienta, halló un buen trabajo y estaba próximo a enviar a buscar a su familia con él. Para esto, necesitaba un poco más de tiempo, y así poder reunir cierta cantidad de dinero. Al final, le advino el síntoma al cual yo renombro: el síntoma del nostálgico torpe. El nostálgico torpe es aquel que se va de su país, comienza a progresar y repentinamente le da por regresar a su situación pasada. La misma situación de la cual se estuvo quejando por años, antes de realizar que tenia las opciones frente a él. Este amigo regresó llorando porque extrañaba a su familia, a su patria y a sus hijos: ¡vaya forma de extrañar! En la actualidad, vive de ayudas gubernamentales como la mayoría, y se encuentra desempleado. Las personas no importando de que país sean deben crearse metas que les ayuden a sacarse de la boca la palabra: "resolver". Porque mientras resolver por resolver sea la única opción, usted no hará nada nuevo para cambiar la forma en que ve y enfrenta la vida. Es como ponerle parchos a una llanta una y otra vez sin considerar alguna alternativa que le provea una llanta nueva. En otras palabras, lo que he tratado de decir, es que usted no encontrará las respuestas al ¿cómo? si se la pasa quejándose y justificando su falta de valor para sobreponerse antes los cambios que advienen con esta pregunta. Otros esperan que las alternativas que se les presenten no tengan que ver en lo absoluto con cambios en su rutina diaria, amistades y lugares frecuentados. Algo así, como los que desean perder peso, pero no desean dejar de comer lo que no deben o no pueden, pues algo muy similar. Debe existir un contexto y una relación entre el "cómo y la respuesta", para que esta tenga sentido. Puedes estar seguro de que en muchas ocasiones no te sentirás a gusto con los cambios que debas escoger en tu vida, pero son los únicos cambios que podrán llevarte a donde finalmente deseas. La búsqueda de respuestas es vital solo si tienes la capacidad de comprender que tu percepción jugará un papel muy importante en el proceso. Quien busca respuestas creyendo conocer las contestaciones de antemano, está sentenciando su propio futuro. No hay futuro para quien cree saberlo todo, no hay futuro para quien sabiendo lo que busca insiste en encontrar algo diferente sin base ni fundamento, por el simple hecho de querer encontrar algo mucho más fácil. Espero que eso lo puedas tener claro, y si te encuentras en esta etapa mediocre en tu vida te sugiero que releas este capítulo unas cuantas veces más. Para encontrar mejores respuestas te recomiendo que comiences a rodearte de otro tipo de personas. No puedes continuar cerca de personas que están drenando las pocas fuerzas que te quedan para soñar con un mejor mañana. Debes preocuparte bastante si estas copiando de estas personas sus formas de expresión, análisis y costumbres, porque si te das cuenta de esto, podrás salir de tu propia prisión. El proceso de adaptación social suele traer consigo este tipo de problemas, y es que a muchos de nosotros se nos hace fácil reconocer que si decidiéramos escoger mejores amistades terminaríamos con muy pocas opciones. Pues, debo decirles que es mejor tener 2 buenos amigos que 10 amigos malos. Prefiero tener dos amigos que me apoyen, tengamos conversaciones distintas y que por lo general acaben en temas de negocios, que 10 amigos que me hablen de lo bueno que estuvo la rumba de la noche anterior, y que mientras estén borrachos me abracen y me besen asegurando cuanto me admiran. La vida tiene sus etapas y eso lo puedo entender, pero mientras más antes te des cuenta de que muchas de estas etapas parecen perseguirte a todas partes, mejores precauciones tomarás al respecto.

Decía Neville Goddard, que Dios es nuestra imaginación y que según imaginemos asimismo será nuestra realidad en el mundo físico. Yo he podido corroborar y confirmar una y otra vez, que si tus más íntimos deseos se reflejan mediante el uso de la imaginación encontrarás tarde o temprano esta representación en tu mundo visual. Te trato de dar una pista muy importante para aplicar en las respuestas que buscas, en tus "cómo lo hago". El proceso va a requerir mucho más que solo una respuesta y una acción. A lo largo del libro te continúo transmitiendo el mensaje principal: no es, ni será fácil. Si quieres vencer no se tratará únicamente de respuestas, sino de un complejo proceso de creación y ejecución. Como todos los libros especifican, muy pocas personas han podido alcanzar ese nivel de éxito en sus vidas, no solo económicamente, sino mental. No es hasta que dominas el arte de los secretos que puedes comenzar a ver resultados significativos en tu vida. El uso de los principios del "yo soy", del ahora-presente, representan uno de los descubrimientos más asombrosos de la historia humana; pero por su falta de entendimiento muchas personas siguen sin obtener resultados. La gente quiere que todo se lo expliquen en detalles y luego pretenden que otra persona pase el trabajo que ellos no quieren pasar. No funciona así, y que bueno, porque sino todo el mundo tuviera acceso a la abundancia en general sin contar con la madurez suficiente para hacer buen uso de esta. Todo aquel que ha decidido hacer un mal uso de sus riquezas termina en muy mal estado, y muchos regresan al mismo estatus con el cual comenzaron. Todos los días recibimos pruebas con el propósito de educarnos y hacernos consientes de todo el poder con el cual nacimos. No nos podemos hacer de la vista gorda cuando se trata de percibir las señales que cada acontecimiento nos otorga con el privilegio de la experiencia. Somos la única especie que racionaliza a un nivel increíble cada evento que experimenta y posee la facultad de cambiar cualquiera de sus destinos con el uso de su imaginación. No es que el ser humano deba sentirse superior egoístamente, pero sí es una especie que puede garantizar su alta complejidad de funciones que lo componen como ser viviente. Hemos sido capaces de crear ciudades enormes y casi permanentes con el uso de nuestra mente; porque nada de lo que ves afuera se podría considerar real sino se hubiese considerado real en nuestra mente primero. Estas cualidades nos regalan opciones que otras especies no tienen disponibles, aunque no deja de sorprenderme que existan animales mucho más astutos que algunos de nosotros. El ego es lo que quieres para ti y quieres que los demás crean de ti; la inocencia es todo lo contrario. Lo que si puedo aseverar es que no se puede necesariamente regresar a la inocencia como muchos autores te quieren hacer ver. Ya cuando los autores utilizan mucha filosofía de domingo en sus obras tienes que tener cuidado. No por que quieran hacerte daño o te estén mintiendo, pero debes tener cuidado porque es en ese preciso momento que te están dejando saber que no saben explicarte lo que te quieren decir y terminarás confundido o incrédulo. Debes hacer como sugería el actor y artista marcial, Bruce Lee. Absorberás de todos los que están a tu alrededor todo aquello que te sea beneficioso para ti y de esto, plasmarás tu propia forma de ver las cosas. Sé como el agua, adáptate y fluye con el fin de transformar tu vida.

Mientras escribo este libro estoy pasando por muchas situaciones y retos que requieren una postura mental mucho más poderosa que en cualquiera de las otras etapas de mi vida. Personas que parecían ser tus amigos, ahora se convierten en obstáculos y tropiezos que inteligentemente debemos eliminar para proseguir hacia nuestras metas. En algún momento fueron personas que tuvieron su función y que por algún motivo atrajimos a nosotros para ayudarnos en alguna etapa. Una vez esa función se cumplió, muchos de estos, tienen que desaparecer porque sino se convierten en nuevos problemas inconclusos. Se convierten en cargas físicas y mentales que entorpecen tu progreso hacia la luz y la paz. No te sientas mal o incomodo cuando debas tomar ciertas decisiones porque parezcan injustas o inesperadas. No permitas que la moral se torne en tu juez y te someta a cargar con un saco en la espalda que no te pertenece. Mucho ojo con quien te hace favores y luego implora devoción y adoración; tú no necesitas conservar una relación basada en estos requisitos absurdos. Yo hago favores todos los días de mi vida y jamás me he atrevido a requerir directa o indirectamente una reacción a cambio; por el contrario, se me hace muy gratificante impactar positivamente la vida de alguien. Es indispensable entender que cuando das sin esperar nada a cambio estas controlando a tu ego, quien puede ser tu principal enemigo; y a su vez, estarás atrayendo mejores cosas a tu vida. Esta gestión provoca que se manifieste una energía única que fluye a favor de tus más íntimos deseos conspirando con tus planes y metas. Nos debemos a las personas que nos respetan y nos aman sin imponernos condiciones para conservar su amistad. Si te encuentras experimentando algo parecido en tu vida, que mientras progresas y avanzas hacia tus metas alguien está cambiando contigo, descifra la señal que se esconde detrás de esta acción y ejecuta la decisión correcta. No le devuelvas su propia medicina, de eso se encargará el mundo mental en el que viven, llenos de infelicidad y envidia. Regálales amor y compasión sin quedarte, sin explicarles, sin decirles una sola palabra.

"Puedo enseñarle a cualquier persona cómo conseguir lo que quiere en la vida. El problema es que no puedo

*encontrar a quien pueda decirme qué es lo que quiere" –
Mark Twain*

Capítulo X

NO DARSE POR VENCIDO

¡Nunca te debes dar por vencido, nunca! Pero, no se trata de soportar todo lo que la vida te ofrezca sin un plan de acción previo, por el contrario, se trata de que te prepares lo mejor posible para enfrentar cualquier reto que advenga con tú cambio. Hay muchas personas aguantando y cargando con problemas y conflictos que desde hace mucho debieron haberse desprendido. Este es el grupo de personas que prefirieron el camino de la auto víctima y no el del autodescubrimiento. ¿De que nos sirve vivir una vida solo para inhalar y exhalar oxígeno todos los días? Recuerda, plasmar en tu mente que nada ni nadie está en tu contra, que lo único que se sigue interponiendo entre tus planes y metas eres tú y nadie más que tú mismo. Este acto de responsabilidad te empujará hacia encontrar una nueva forma de hacer las cosas porque no podrás culpar a nadie más. Muchas veces hallarás respuestas inmediatas y otras veces tendrás que sentarte con calma y paciencia para meditar sobre que pasos debes seguir. No te desesperes porque incluso quienes parecen tenerlo todo y dominar todas estas artes del éxito tuvieron en común no haberse dado por vencido nunca. Si te das por vencido te absorberás en tu propio infierno, si te mantienes en pie de lucha te enaltecerás a los cielos. Cuando apenas tenía 16 años sentí la gran necesidad de conocer el mundo, de dar mi primer viaje al país en el cual hoy día vivo. El profesor del curso de ingles nos comentaba a todos los alumnos que estaba pensando dirigir y organizar un viaje al estado de Washington "State" por motivos de intercambios culturales y educativos. Yo sabia que las posibilidades eran muy pocas de que yo pudiera asistir porque éramos una familia de escasos recursos. También, ya estaba programado a recibir un "no se puede" por parte de mis padres. Aun así, me atreví a intentarlo y sin haber hablado con mis padres primero, le dije al profesor que yo lo acompañaría en este viaje. Recuerdo haber pasado largas horas planificando como decirles a mis padres que deseaba viajar por primera vez y que el viaje tenia un costo de $1,600.00 dólares. En aquel entonces, esa cantidad era bastante difícil de conseguir y mi padre no generaba esa cantidad en dos meses de trabajo. Una de las cosas que había comentado el profesor era que él nos daría una carta de petición que podíamos utilizar con familiares, instituciones y amigos cercanos para solicitar donaciones de viaje. Mi misión era poder convencer a mis padres de que yo podía poner de mi parte y lograr convencer a muchas personas para que me dieran el dinero. Luego de varios intentos logré venderle la idea a mi padre y tanto él como yo nos entusiasmamos en el proceso. El se encargaba de llevarme a los lugares que conocía y yo encargaba de vender la opción. Siempre he sido una persona respetuosa y muy reconocida por la empatía que logró manifestar con las demás personas. Fue esta misma empatía la que me permitió reunir todo el dinero necesario para completar el pago de mi viaje a los EU. Estuvimos varias semanas y varios meses visitando todos los negocios y fraternidades que existían en nuestra región. Recibí muchísimos "no" por respuesta y nunca olvido a un señor, dueño de una joyería, que luego de leer la carta y mirarme a los ojos, me cedió solo un dólar. Me fui con poca ropa, maletas viejas y unos pocos dólares en el bolsillo. El viaje fue todo un éxito; no solo viajé a Washington "State", sino que pudimos visitar Canadá, Seattle y Vancouver. Visité por primera vez un juego profesional de beisbol en el "Safeco Field de Seattle" y pude ver a varios de mis jugadores favoritos. Lo que marcó la diferencia entre los compañeros que no pudieron asistir y yo fue la determinación y la capacidad de imaginar que era posible. Programarse para no darse por vencido es una decisión que siempre hemos tenido disponible desde que tenemos uso de razón. Si todo el proceso hacia una meta comienza a complicarse la aplicación de estas capacidades se ve afectada, te confundes, pierdes la confianza en ti mismo y terminas dándote por vencido. No es lo mismo buscar una vía alterna para lograr tus sueños que resignarte que continuar intentándolo. Cuando haces esto estas a un paso de caer en la zona de confort. Al tomar la decisión de venir a este país unos cuantos meses atrás, me despedí de varios amigos y compañeros de trabajo. Varios de estos, incluyendo familiares cercanos, me decían que ellos esperarían un poco más de tiempo antes de tomar alguna decisión que les ayudara a cambiar sus vidas; otros preferían guardar silencio para confirmar que no harían nada. Luego de todo este tiempo fuera de mi país puedo notar como el tiempo permaneció inmóvil para casi todos ellos. El mismo trabajo, el mismo ingreso, las mismas rutinas, el mismo entorno y las mismas quejas de años atrás. El tiempo se detuvo para ellos o nunca hicieron nada para que no se detuviera. En otra ocasión, quizás hubiera empleado algún método de critica para tratarles de hacer ver cuan equivocados están, pero agraciadamente he preferido permanecer en control de mi ego y no decirles nada. Una lección que debemos aprender es a no molestarnos por cosas que no les molestan a las personas en sus vidas. Si a un mecánico no le molesta ensuciarse las manos pudiendo utilizar guantes de látex, ¿por qué te debes molestar tú? Si a mis compañeros no les incomoda el hecho de que no hacen algo diferente con sus vidas, para salir de la situación en la que se encuentran, ¿por qué me debe molestar a mí? No es que no debamos compartir lo que sabemos con otras personas, sino que sencillamente, no todas las personas están listas para escucharte y comprender que tu intención es la de ayudarles y no las de criticarles. Con esto, trato de decir que, si después de ver todos los logros o el cambio positivo y radical que ha dado la vida de algún compañero, familiar, escritor, celebridad, entre otros; no decides darte a la tarea de estudiar y averiguar lo que hicieron o que están haciendo, es porque simplemente no te interesa saberlo. Si no nos interesamos por aprender de los que se aventuraron primero que nosotros y triunfaron es porque posiblemente ya nos hemos dado por vencido.

La mentalidad de un guerrero del éxito consiste en prepararse física y mentalmente para vencer el miedo, creer en sí mismo y salir victorioso; incluso cuando podría hasta morir en el intento. El guerrero no se pregunta si morirá, el solo se repite una y otra vez que la victoria esta asegurada. Lo visualiza en su mente, estudia las estrategias, los sonidos, los olores, las texturas; está determinado a luchar por lo que cree y desea. No pierde el tiempo distrayéndose con detalles pequeños e insignificantes, no les regala su tiempo y enfoque a personas sin valor, a cobardes. Se mueve a través de las corrientes suaves del viento y solo permite que las personas que lo aman acaricien su piel. Despierta con su meta en la mente y duerme tranquilamente de igual forma. Su sombra lo acompaña a todas partes como si se tratase de una extensión natural de su cuerpo. El guerrero se somete voluntarioso a métodos disciplinarios donde genera confianza y autocontrol; es el mismo guerrero quien establece las reglas de su propio destino. Para un guerrero del éxito no existe ni un solo comentario negativo que contamine su escudo protector. Es este escudo, el que junto a su armamento de positivismo le protegen de las fuerzas destructoras que se enfrentan en su contra. En cada momento que tiene disponible, el guerrero del éxito se dispone a contemplar el horizonte para meditar y calmar su ansiedad por las cosas que todavía no ha entendido. Siempre se haya en busca de la verdad, en busca de un nuevo reto, de una nueva aventura que lo lleve a un nuevo destino. Contra viento y marea defenderá sus ideales, protegerá a los suyos y no tendrá misericordia ante los guerreros de la negatividad. Camina a paso seguro, confiando en sus valores, destrezas de análisis y en la ejecución de su plan. El guerrero del éxito es paciente como tortuga, pero astuto como la liebre; no se engaña con estereotipos disfrazados de soldados del bien. El observa con detenimiento todas las cicatrices que su rostro le revela frente al reflejo de su espada. Se transporta en el tiempo, hacia esos lugares de batalla donde se desencadenaron sus mejores triunfos, así como sus peores fracasos. Reflexiona con sensatez para auto descubrirse, retroalimentarse y expandir su mente hacia nuevos horizontes de entendimiento. Este guerrero no les teme a los retos que se propone así mismo; está en constante búsqueda de una nueva verdad que le ayude a crecer como persona. Vive anclado a las posibilidades infinitas que tiene disponibles en el mundo que imagina, no cree todo lo que ve ni todo lo que escucha. Se compromete a hacerse consciente de sus responsabilidades antes de repartir la culpa a quienes no tuvieron que ver con sus decisiones. El guerrero del éxito es un guerrero porque no se define para conformarse, sino para ponerse a prueba una y otra vez. El piensa meticulosamente sus auto respuestas siendo compasivo, pero sin dejar de ser exigente y honesto. Sabe crear los balances necesarios para no perder de vista el control de su vida. El guerrero del éxito no siente que tiene enemigos, para él, son todos espíritus transitorios que se conocen en algún momento porque así sus deseos inconscientes lo permitieron. El respeta y lo respetan, ama y lo aman, y nunca odia, aunque lo odien. Se puede caer de rodillas, lo pueden tratar de herir cuando no esté mirando, las cosas podrán tomar otro rumbo inesperado, pero jamás se dará por vencido. ¿Y tú, eres un guerrero del éxito?

-Los guerreros victoriosos ganan primero y luego van a la guerra, mientras que los guerreros derrotados van primero a la guerra y luego buscan la victoria. -Sun Tzu.

Capítulo XI

AGRADECER

El acto de agradecimiento es la convicción absoluta de que ya haces posesión del objeto deseado. Es como se diría en el mundo de las ventas el momento del cierre final. Solo cerramos un trato con otra persona cuando estamos de acuerdo con lo que hemos conseguido. Algo similar sucede en el proceso de construir con nuestra imaginación todo lo que deseamos obtener y dar gracias por vernos en posesión de ello. Si recuerdas en uno de los capítulos anteriores te di el ejemplo de una de mis afirmaciones preferidas. Si te fijas bien podrás notar que al final de la afirmación siempre procedo a dar las gracias tres veces. Tú puedes dar las gracias las veces que creas necesarias, yo pienso al igual que muchos autores, que por ser esta la etapa final en el proceso de crear tu destino, debes culminarlo con broche de oro. Repetir el agradecimiento sintiéndote muy seguro de tú logro, te dará la sensación real y correcta del éxito que deseas obtener. ¿Recuerdas que, al finalizar mi historia de estos últimos diez meses en este país, te comenté que deseaba alcanzar una meta muy importante? Pues quiero que sepas que mientras escribo este capítulo estoy en el proceso final de mudarme a mi nuevo hogar. ¡Sí! Así de increíble y maravilloso es el poder del agradecimiento cuando crees en él. Ahora bien, quiero contarte parte de todo este proceso porque deseo que estés al tanto de lo complicado que puede resultar realizar una nueva meta si la mides por el nivel de importancia en tu vida. En otras palabras, te trato de decir que grandes cosas requieren grandes cambios, porque no me gustaría usar el concepto sacrificios. Sacrificarnos se puede entender como que debemos de someternos a todo aquello que se nos presente para alcanzar una meta, aunque en ello esté envuelta nuestra dignidad. Es precisamente lo que he evitado apostar durante todo este tiempo. Mientras escribo esta breve historia tengo que aceptar que he tenido que manejar diferentes situaciones incomodas con la persona que decía ser nuestra amiga, y que nos abrió sus puertas cuando más lo necesitamos. Aunque doy gracias a mi esfuerzo de que pude comenzar a pagar mensualmente la renta estipulada, siento que esta persona esperaba o tenia otros planes con mi familia. Nadie esperaba que pudiéramos obtener el resultado que hemos tenido, porque muy pocos conocen los secretos del éxito como los conocemos tú y yo. No quiero decir que sea mala persona porque jamás me referiría así de una persona que se atrevió a abrirnos las puertas de su hogar, independientemente de su intención real, cuando nadie más lo hizo. Por eso y muchas cosas más estaré infinitamente agradecido, pero debo dejar claro que cuando no estas sanado psico emocionalmente te conviertes en el imán de personas que están igual de enfermas que tú. El problema está en que seas tú quien logré auto sanarse primero, mientras los demás continúan igual de enfermos. De aquí en adelante es el inicio de una lucha de poderes, donde los prejuicios pueden más que cualquier amor que haya existido entre ustedes. Aunque desearía entrar en detalles, no siento sea lo correcto arremeter contra cualquier persona que padezca de alguna condición psicológica. Con este breve relato te muestro cuan importante es el poder que tienes dentro de tu cabeza, porque es el único poder que te permitirá tener control de todo tipo de situaciones que se arrimen sobre ti con tal de sacarte de marcha. Este tipo de incidentes pueden ocasionar que debas adaptarte o cambiar tus planes sin alterar el resultado final. Yo tenia claro de que no volvería a rentar otra casa, y que aprovecharía al máximo la oportunidad de estar allí para hacer lo que fuera necesario y cumplir con esta meta. Hace unas dos semanas aceptaron una de mis ofertas, y todos estamos muy felices. A penas en 12 meses ya no solo he cuadriplicado mis ingresos, sino que estoy próximo a mudarme a mi propio hogar. Esto sin entrar en detalles directos de un negocio de servicios que estoy creando, una cuenta de inversiones y la promoción de este hermoso libro que les comparto no solo a mi familia, sino a todo aquel que pueda favorecerse de nuestra historia. Para suerte de nosotros yo había imaginado la gran mayoría de las cosas que nos están pasando hoy, incluyendo las que no esperaba recibir porque eran menos positivas. La señora ha insistido dos veces en sacarnos de su casa porque no soporta lo que siente mientras nos ve teniendo éxito. Es la más bella forma de explicarlo para resumir toda una anécdota de detalles y controversias. Ya estamos preparando todo para irnos y aunque debo confesarles que este tipo de procesos es complicado, puedo asegurarles que mientras más cosas suceden más aprendemos. Nuestra mente es una con Dios que nos ayuda a auto sanarnos cuando así nos lo proponemos. Mediante el agradecimiento no solo podemos conectar con este poder sino con nuestra propia esencia. Lo que para muchos podrían ser detonantes o causantes de estrés negativo, para nosotros se ha convertido el arte de convertir todas estas emociones y pensamientos en energías de bien. Cuando comiences a tener este tipo de autocontrol sentirás una hermosa sensación de bienestar, y a su vez te veras en la obligación de dar las gracias. Creo que como al igual que muchos autores, esta combinación de autocontrol y agradecimiento es la causante determinante de tantos males en nuestra sociedad, misma que creamos todos los días en nuestra mente. Incluso mientras voy escribiendo este libro hago diversas paradas donde me detengo con la intención de imaginar claramente la venta de más de 100,000 copias de este libro, en la comunidad Kindle de Amazon Company, y a su vez doy las gracias infinitamente por haberlo logrado. Yo soy el creador de mi destino, soy yo quien decido como serán las cosas, ya sea consciente o no de esto, no hay otra forma de describirlo. Nadie está cargando allá afuera con tu responsabilidad, si no te gusta donde estas debes irte a otro lugar, y esto es sin importar a las cosas que tengas que enfrentarte. Dentro de todo el proceso de esa aparente lucha no olvides agradecer por lo fuerte que has sido y lo dispuesto que estas a continuar aprendiendo de las lecciones que recibes.

Repasa las escrituras sagradas de vez en cuando, aunque las hayas descartado como ciertas por diferentes razones ideológicas o por las razones que sean. En estas hallarás información relevante de los temas que hemos tocado a lo largo de este libro. No soy un practicante de iglesias, pero si soy un practicante de Dios. El está allí en todas partes, porque de todas las fuentes que existen en la Tierra tienes la posibilidad de recibir el mensaje divino para que te permitas su resurrección en tu mente. Cuando sientes a Dios en tus pensamientos comienzas a controlar mejor tu universo interior. No te estoy sugiriendo que comiences a bailar como si te hubiesen electrocutado con una corriente invisible convencido de que eso es el espíritu santo entrando a tu cuerpo. Se trata de algo mucho más real donde tú tienes el control de tu ser y te permites ser bendecido por las fuerzas externas que existen a nuestro alrededor. Imagina como un niño que siente y cree que todo es posible, aun si saber cómo sucederá, de igual forma debes agradecer por lo que ya tienes, aunque no lo tengas aún. Aventúrate a entrar en un juego maravilloso donde puedes ser consciente de la magia de tus pensamientos e imaginación. Créeme que cuando obtengas lo que deseas notarás como tu percepción hacia lo difícil del proceso cambia, y es ahí cuando adquieres el conocimiento para el próximo nivel. Ese nivel donde por cada cosa que te sucede te sientes agradecido, independientemente de que sea lo que esperabas o no. Esta es la gran diferencia entre personas que continúan siendo pobres y personas que dejaron de serlo. Ellos encontraron que las conversaciones que procedían de su interior eran mucho más poderosas que cualquier conversación con el mundo tangible. Aprendieron a hacer un uso correcto de esta gran herramienta poderosa llamada Dios en ti. Entonces, lo que trato de confirmar es la aseveración de que cuando te permites actuar como un Dios de amor, abundancia y paz, tu vida recibe exactamente eso devuelta. Tú eres tu propio Dios y esa conexión con esta nueva realidad te abre las puertas de un mundo lleno de posibilidades. Ahora bien, cuando utilizamos la palabra Dios las personas se tienden a sentir intimidadas o llenas de temor porque piensan que le están faltando el respeto a un Dios personificado, fuera de nuestro mundo, quien desde algún lugar nos observa. Este mismo temor es el causante de que cuando tratas de intentar actuar como tu propio Dios terminas atrayendo lo contrario a tu vida y, por ende, regreses a tu estado actual. Si recuerdas, ya he mencionado que uno de los primeros pasos para adentrarse al uso de los secretos del éxito está en que sepas distinguir entre que es un archivo viejo y un archivo nuevo en tu memoria. Los archivos viejos que te impiden cambiar para tú bien deben ser sustituidos por los nuevos archivos y ponerlos en práctica. El archivo viejo no será fácil de desprender de tu memoria, es por esto, por lo que debes intentarlo una y otra vez hasta que seas tú quien controle lo que vas a pensar. El cuerpo está diseñado para actuar por ti impulsivamente, si tu no lo controlas a él; así de impresionante es nuestra creación. No te desanimes si en las primeras experiencias no logras desarrollar esta capacidad, todavía en la actualidad yo continúo ayudando a mi mente a combatir ciertos archivos viejos que desean confrontarme cuando experimento una situación complicada quieren tomar la decisión por mí. Las únicas veces que nos podemos sentir fuera de control es cuando permitimos a nuestro ser, "ego-animal" tomar la decisión por nosotros. Si aceptamos esta realidad podremos combatirla mejor en la próxima ocasión que nos enfrentemos una situación similar. Te preguntarás cómo podrás mantenerte enfocado en tantos detalles para alcanzar ese nivel del que tanto todos mencionan. Es evidente que la disciplina debe ser tu mejor aliada en combinación con las demás cualidades. La disciplina te mantendrá enfocado en la dirección de tus sueños y metas. Imagínate que llevas puestos un par de gríngolas que te impiden mirar o distraerte hacia los lados; así como los caballos de carrera que hasta que no llegan a su destino no se detienen. Ese es el tipo de auto sugestión o mentalidad de la cual debes hacer uso en todo momento si quieres tener el máximo dominio de tu ser. Agradece en cada una de las etapas de tu aprendizaje, seguramente, te darás cuenta de que cada una de estas etapas te va proporcionando una gota nueva de información de la cual carecías. He estado en momentos donde mi mente me desea jugar en contra y desea que me sienta una víctima de mis circunstancias: ¡No más! Yo soy las circunstancias que controlan y dirigen mi vida hacia destinos de bien, solo yo y nadie más que yo soy. ¡Gracias, Gracias, Gracias!

"La gratitud convierte la negación en aceptación, el caos en orden, la confusión en claridad…. le da sentido a nuestro pasado, trae paz a nuestro presente, y crea una visión para el futuro" Melody Beattie

Capítulo XII

REFLEXION

Cuando decidí escribir esta breve historia sobre lo que ha pasado en mis últimos 10-12 meses sentí mucha satisfacción, pero al mismo tiempo hubo veces donde el temor me trataba de invadir. Es el primer libro que conozco que te relata en tiempo y espacio la aplicación de los secretos del éxito, incluyendo los resultados que podrías ir obteniendo del mismo. Una vez tengas este libro en tus manos te pido de favor que agradezcas inmediatamente por haberlo atraído a tu vida. Estoy muy seguro de que, aunque es un libro corto posee una gran enseñanza que no acabará con su lectura. Segundo, quiero que desde hoy comiences a aceptar cuán importante eres para las personas que te aman y te respetan; siéntete feliz y privilegiado de existir. Participar de este universo y contar con el maravilloso obsequio de la vida debiese ser razón suficiente para estar eternamente agradecido. Ahora bien, no deseo te desanimes cuando debas enfrentarte a situaciones que no salieron como esperabas, mucho menos deseo que confundas estas situaciones inesperadas con que los secretos del éxito no funcionan o que todo es una falsedad. No hubiese podido lograr las cosas que te manifesté en este libro si no hubiese hecho el uso correcto de estas. No le llames pura suerte, porque la suerte si no se busca no llega; prefiero le llámenos convicción. Decreta las cosas que deseas ver en tu vida con la convicción honesta de que lo ves realizado. No puedes decir una cosa y tu mente decir otra porque no va a funcionar. Incluso, muchas veces deberás esperar pacientemente por las señales que se hayan detrás de las aparentes fallas en el proceso, porque son estas las que te acercarán más a tu destino; ese el cual tú imaginaste y aceptaste como tuyo. Una vez más cerca difícilmente vas a retroceder, incluso cuando las cosas se tornen más complicadas. La fe en tus convicciones, en tu capacidad de Dios y creador de tú vida serán más fuertes que cualquier intento fallido. Recuerdo esas madrugadas donde despertaba frustrado, triste y derrotado; sin la sensación de que algo cambiaría para mí. Una vida cargada de problemas, deudas, mujeres e inconformidad social; incluso había perdido mi fe en Dios. Había perdido mi fe al concepto de Dios que todos me decían que existía, un Dios malinterpretado por la mayoría. Me pregunto: ¿Cuántas personas se han revelado contra ese Dios por ignorar que no es necesariamente como le dijeron que debían definirlo? ¿Cuántas personas le hablan al cielo todos los días sin esperar de sí mismos nada a cambio? Que tantas preguntas nos podríamos hacer que nos lleven a una sola conclusión: necesitamos ser uno con Dios. Mi vida no ha sido fácil y que bueno que no ha sido así, porque no creo haber podido sobrellevar tantos obstáculos, tanto mentales como físicos, si no hubiese pasado por las experiencias que pasé. No he sido alguien que ha decidido quedarse donde está por miedo a nuevas experiencias. Yo viví en la pobreza por muchos años, y no solo fui pobre porque muchas veces tuve muy poco que comer, o muy poco o nada de dinero en mis bolsillos, sino porque mentalmente fui demasiado pobre. Creo que esta es la verdadera pobreza, porque es la pobreza que no te deja avanzar y salir de tu pobreza física actual. Estoy muy claro de que te tomará mucho tiempo, posiblemente, salir de la hipnosis en la cual vives. Mucho de esto proviene de la idea de que si no ves resultados inmediatos y grandes es porque lo que intentaste no sirvió de nada. Es como las personas que juegan lotería y esperan ganar el premio mayor de inmediato, y si no lo obtienen afirman de que el juego es un engaño. Ese es el mundo en el que vivimos, donde la tecnología nos ha robotizado haciéndonos sentir merecedores de todo rápidamente. Si no recibimos algo de inmediato decimos que no sirve, y buscamos otro refugio que nos provea esa sensación de seguridad nuevamente. Entonces, si me hago consciente de todos estos datos importantes para mi vida, voy a hacer uso de mi inteligencia para aplicar esta información en mis acciones diarias, creando de esta forma un nuevo "yo soy". Me siento en la necesidad moral de hacer énfasis en la posición que tengo en respecto a la duda, ósea el proceso de dudar. No podemos dar por cierto todo lo que leamos o escuchemos, solo porque alguien más te los está diciendo así. Yo, aun hoy día sigo dudando de muchas de las cosas que muchos autores han expuestos en sus obras literarias. Dudar es una de esas cualidades humanas que nos permite reevaluar cualquier información presentada ante nosotros, mucho antes de su ejecución. No deseo que des por cierto toda la información que te estoy ofreciendo en este libro, por lo contrario, te reto sutilmente a que pongas en práctica muchas de las enseñanzas que aquí encontrarás y me puedas contar como te ha ido y que tal te parece. A diferencia de otros autores estaré abierto siempre para ti, para aclararte tus dudas y ayudarte en este maravilloso proceso metamórfico de tu conciencia. A veces, solo una respuesta breve nos puede salvar la vida. Yo recibí la ayuda de muchas personas durante mi aventura en este país, y estoy consciente de que continuaré recibiendo ayudas de muchas personas más por el resto de mi vida, y las acepto sin ningún remordimiento, porque solo recibirás lo que hayas dado a cambio primero. No temas a nadie que intente hacerte daño, porque cuando eres uno con Dios nadie podrá contra ti. A quien te dé limones devuélvele un vaso grande de limonada, pero bien azucarada. Si has llegado a esta parte del libro es porque durante mi primer relato hiciste conexión conmigo, aun sin estar ahí. Quizás, te identificaste con muchas de las cosas que escribí y decidiste proseguir con el resto de la lectura. Quizás, estas solo aquí por curiosidad, y que bueno que es así, porque por suerte no saldrás afectado como le sucedió al gato curioso de otra historia. En realidad, no puedo y no debo juzgar a nadie porque desee quedarse en la situación en la que se encuentra teniendo a su disposición una cantidad ilimitada de opciones para la adquisición de sus sueños. No es nuestro deber juzgar u obligar a nadie a tomar los caminos o decisiones que nosotros hemos decidido recorrer. Si tratas de hacer esto para convencer a los demás de que tienes razón, debo decirte que más equivocado no podrás estar. Esta es la principal razón por la cual las iglesias han tenido tantos problemas con la percepción que se recibe de ellas cuando sus seguidores te discriminan o menosprecian porque no haces lo que ellos están haciendo. En la vida todos debemos respetarnos y si no estás de acuerdo conmigo agradezco que sea así, porque eso te llevará hacia una nueva búsqueda la cual espero tenga un positivo desenlace. De hoy en adelante dedícate a conocerte mejor y a disfrutarte más como ser humano, creo que ya has perdido mucho tiempo en complacer a otros y debemos comenzar a ser justos con nosotros primero. No confundas mi mensaje con convertirte en una persona rebelde e irresponsable, no es esa la forma correcta de disfrutarte. Tómate en serio como lo harías con el primer amor de tu vida, dedícate tiempo y enamórate de ti mismo. Solo al hacer esto podrás ofrecer un amor incondicional a los seres que te rodean. Es único sentirse único y yo deseo en lo más infinito y profundo de mi corazón que puedas encontrarte a ti mismo, por primera vez en tu vida y comenzar a realizar todo aquello que te hace feliz.

Al finalizar mi historia decidí que continuaría escribiendo más libros sobre mis próximos logros o metas pendientes e intentar compartir con todos ustedes los detalles más relevantes que propiciaron los mismos. Es importante que compartas los conocimientos que puedas con otras personas, puesto que de esta forma aprendí yo, ósea, gracias a la ayuda de otros que se tomaron el tiempo para compartir los secretos de su éxito con todos nosotros. Que agradecido me siento por esta gran oportunidad de llevar el mensaje que cambió mi vida para siempre. Un mensaje el cual yo mismo reviso constantemente para no perder la buena costumbre de recordar porque comencé. Me siento viviendo en riquezas infinitas, en amor ilimitado, y en abundancia eterna. ¡Yo soy el éxito de mi libro, yo soy el éxito de mis metas, y el éxito de mi vida! ¡Gracias, Gracias, Gracias!

LIBROS Y AUDIOS RECOMENDADOS

1. Piense y Hágase Rico- Napoleón Hill
2. Padre Rico. Padre Pobre- Robert Kiyosaki
3. El Poder de la Mente Subconsciente- Joseph Murphy
4. El Hombre Más Rico de Babilonia- George S. Clason

5. Antes de Renunciar A Tu Dinero- Robert Kiyosaki
6. El Juego del Dinero- Robert Kiyosaki
7. La Buena Suerte- Alex Rovira
8. El Millonario Instantáneo- Mark Fisher
9. Todas las conferencias de Neville Goddard
10. Despertando Al Gigante Interior- Tony Robbins
11. Vendes o Vendes- Grant Cardone
12. Como Ganar Amigos e Influir Sobre Las Personas- Dale Carnegie
13. El Vendedor Mas Grande Del Mundo- Og Mandino
14. El Código del Dinero- Ramon Samso
15. Todas las Charlas de Les Brown

PREGUNTAS/COMENTARIOS

Correo Electrónico

mihistoriadeexito.ys@gmail.com

www.ingramcontent.com/pod-product-compliance
Lightning Source LLC
Chambersburg PA
CBHW051315220526
45468CB00004B/1354